Mini-Guide des

PLANTES QUI SOIGNENT

ANNA BOROWSKI

W0241639

D'AMOUR & D'EAU FRAÎCHE

ulmer

Quand j'ai commencé à m'intéresser aux plantes médicinales, je me suis assez rapidement sentie perdue face aux propriétés qu'elles étaient censées avoir. À en croire les monographies, les livres et les sites dédiés, elles étaient grosso modo toutes bonnes à tout faire et donc au final, plus ou moins bonnes à rien...

Et puis, il y avait toujours quelqu'un dans mon entourage pour me lâcher deux trois phrases, du style, « ah oui, le plantain, la reine des plantes médicinales ! » ou « ma grand-mère soignait tout avec des tasses de thym ! ». Mouais.

J'avais besoin de comprendre un peu mieux comment tout ça fonctionnait réellement. Je voulais garder un esprit critique face à ces tendances New-Age et ne pas tomber dans une croyance sans fondement. Je suis donc allée me former à l'École bretonne d'Herboristerie, une des références françaises en la matière.

Débarquée de Paris, mon gros sac sur le dos, je me suis retrouvée parachutée dans un petit village brumeux du Finistère, avec son calvaire, son unique épicerie et ses mordus de botanique.

Et au début, je ne peux pas dire que les choses se soient tout de suite franchement éclairées. Polyphénols, alcaloïdes, tanins, iridoïdes, anthocyanosides, bêta-glucanes..., pas si facile à comprendre finalement, le fonctionnement des remèdes de grands-mères!

Je vais donc essayer de débroussailler le chemin pour vous, pour que vous puissiez intégrer plus facilement l'usage des plantes dans votre quotidien, pour vous aider à limiter l'usage des médicaments quand ils ne sont pas nécessaires et à reconnaître autour de vous les plantes qui pourraient être vos alliées.

Ce livre n'a pas vocation à être exhaustif et vos compétences d'herboristes s'étofferont au fil de la pratique. L'idée est de ne volontairement sélectionner qu'une partie des informations nécessaires pour vous faire votre propre carte mentale des plantes médicinales et initier votre cheminement.

Allez, panier de cueillette et théière en main, c'est parti!

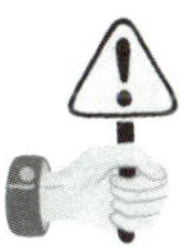

N'oubliez pas que les problèmes graves doivent être traités par un médecin!
L'herboristerie permet de gagner en confort de vie et de réduire le recours à la médecine allopathique, elle ne la remplace pas!
Assurez-vous de ne présenter aucune contre-indication médicale avant de débuter une cure de plantes.

L'HERBORISTERIE, QUÉSAKO ?

L'herboristerie, c'est l'étude des vertus des plantes médicinales et leur usage pour notre santé au quotidien. C'est aussi le nom que l'on donne au commerce dans lequel acheter ces plantes.

PETITS REPÈRES HISTORIQUES & CULTURELS

L'histoire de l'herboristerie est liée à celle de l'humanité. Toutes les cultures ont compté sur les valeurs curatives des plantes pour soigner et guérir humains et animaux. La collecte de plantes médicinales et leur usage figurent parmi les activités les plus anciennes, bien avant l'agriculture.

Les plantes médicinales de « la tombe aux fleurs »

Des fouilles menées dans les années 50, dans une grotte au nord de l'Irak ont mis à jour la tombe de Shanidar IV, mort il y a 60000 ans, inhumé sur un lit de rameaux orné de 7 espèces végétales en fleurs et possédant des propriétés pharmacologiques.

Ötzie et les champignons magiques

Ötzie, c'est cette momie congelée du Néolithique, retrouvée dans un glacier des Alpes. On a trouvé autour de son cou un collier de polypores du bouleau, des champignons utilisés pour traiter les vers intestinaux et un bon nombre de problèmes gastriques comme la diarrhée.

L'histoire de la pharmacopée en accéléré

La pharmacopée sumérienne (IIIe millénaire avant J.-C.) est riche d'environ 250 plantes médicinales, tandis que celle des Égyptiens en compte plus de 700.

Discorde, médecin grec des armées de Néron répertorie 519 espèces de plantes et marque les débuts de la pharmacognosie.

En Chine, l'empereur Shennong, herboriste et cultivateur, rédige selon la légende le Shennong bencao jing, le premier de tous les recueils de médicaments, tandis qu'en Inde, la médecine traditionnelle ayurvédique utilise les plantes depuis plus de 3 500 ans.

En Europe, à l'époque médiévale, les monastères chrétiens disposent tous d'un jardin médicinal : le carré des simples. Au XIIe siècle, Sainte Hildegarde de Bingen, docteure de l'église et naturaliste, marque l'histoire de l'herboristerie avec ses traités.

L'herboristerie fait alors partie des savoirs populaires d'une population rurale qui n'a pas d'autre choix que de faire appel aux remèdes de « bone fame » (du latin « bona fama ») c'est-à-dire de bonne renommée, rien de diffamatoire envers les femmes donc ! Ce sont souvent elles, les dépositaires des secrets des plantes médicinales et les héritières du savoir familial. Ces femmes guérisseuses, concurrentes du prêtre, seront bien sûr particulièrement visées par les chasses aux sorcières, principalement au XVe siècle.

Le XVIe siècle, c'est le « siècle des plantes » et la renaissance de la botanique. Au XVIIIe, arrive le suédois Carl Von Linné, le père de la classification des végétaux (c'est lui, le L. dans le nom latin des plantes). Les herboristes sont encore reconnus par un diplôme et cohabitent tant bien que mal avec les apothicaires, ancêtres des pharmaciens qui incarnent l'avant-garde de la médecine moderne.

Au XIXe, la chimie organique se développe et met en évidence les « principes actifs » des végétaux. De nombreuses substances actives sont extraites et isolées comme la morphine dérivée de l'opium du pavot et l'aspirine issue de la reine-des-prés. Avec l'arrivée de la chimie, des vaccins et des médicaments de synthèse, l'herboristerie recule. Elle n'est plus qu'associée aux potions désuètes de la paysannerie. Le gouvernement de Vichy sonne le glas en 1941 et décide qu'il ne sera plus délivré de diplôme d'herboriste.

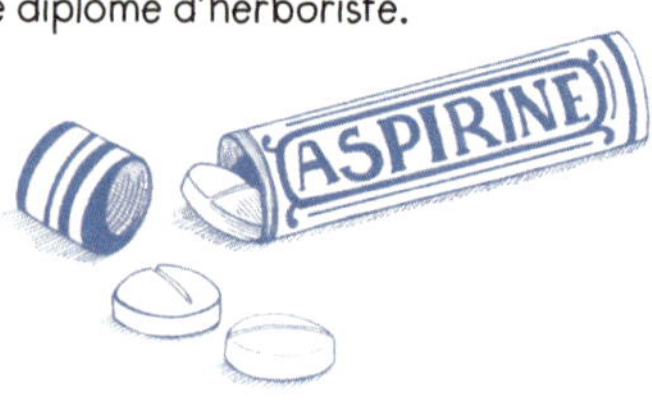

Les années 70 voient arriver les prémices d'une vague verte, le renouveau de l'herboristerie et une alternative à la médecine chimique. Aujourd'hui, un quart des remèdes prescrits sont à base de substances végétales, et environ 80 % de la population mondiale a recours aux médicaments dérivés des plantes.
Le statut du métier d'herboriste est quant à lui toujours en débat et flirte parfois avec l'illégalité. Le sénateur du Morbihan Joël Labbé lutte depuis des années pour sa reconnaissance. L'histoire se poursuit donc...

Les animaux, herboristes sauvages

Les chimpanzés utilisent une trentaine de plantes pour se soigner. Il s'agit d'ailleurs de plantes utilisées en médecine traditionnelle locale, connues pour leurs activités pharmacologiques ! Les mésanges bleues, quant à elles, déposent de petits fragments de plantes aromatiques dans leurs nids. Une belle pharmacie naturelle qui entraîne une diminution du nombre de bactéries sur la peau des poussins et augmente leurs chances de survie !

LA GALÉNIQUE

La galénique, c'est la forme sous laquelle on peut utiliser les plantes ou les médicaments, c'est l'héritage d'un certain Claudius Galenus.
On distingue les voies d'administration orales (tisane, teinture mère, suc de plantes...), des applications locales (baume, huile, compresse, cataplasme, bain de bouche...) ou encore des administrations par inhalation ou par vaporisation.
Nous passerons en revue certaines façons de préparer une plante en phytothérapie et en aromathérapie (le domaine des huiles essentielles).

TISANES : INFUSIONS, DÉCOCTIONS, MACÉRATIONS

La tisane, c'est de l'eau et des plantes fraîches ou sèches. C'est la façon la plus simple et la plus douce de se soigner avec les plantes.

L'INFUSION est plutôt réservée aux parties fragiles et délicates de la plante comme les fleurs, les feuilles ou les plantes à huiles essentielles. Elle consiste à verser de l'eau frémissante (pas bouillante) sur les plantes et à laisser infuser, 3 à 10 minutes, puis à filtrer. Attention à bien couvrir votre tasse, théière ou casserole pour que les huiles essentielles ne s'échappent pas! Les puristes préfèrent mettre les plantes dans l'eau froide, la faire chauffer et éteindre le feu avant ébullition. C'est moins agressif pour les plantes qui se réveillent tranquillement dans leur bain chaud et libèrent plus progressivement leurs principes actifs.

LA DÉCOCTION reprend cette méthode des plantes dans l'eau froide mais là, on porte à ébullition 2 à 5 minutes. C'est plutôt réservé aux parties les plus coriaces de la plante: tiges, écorces, racines et graines.

Enfin, **LA MACÉRATION**, pour les principes actifs qui ne supportent pas la chaleur, consiste à mettre les plantes dans de l'eau froide (ou de l'alcool, du vin, de l'huile, du vinaigre) généralement pendant une nuit pour l'eau, voire pendant plusieurs semaines pour l'huile ou l'alcool.

HUILES ESSENTIELLES & HYDROLATS

L'HUILE ESSENTIELLE est un extrait liquide d'une matière première d'origine végétale : fleurs, feuilles, écorces ou racines. Cette technique concentre les molécules aromatiques et les principes actifs des végétaux, elle est donc puissante et à utiliser avec précaution.

Le procédé le plus courant pour obtenir une huile essentielle est la distillation. Les plantes sont déposées au-dessus d'une cuve remplie d'eau en ébullition, comme des petits beignets vapeur. Les molécules d'huile essentielle sont volatiles, elles vont quitter la plante pour se mêler à la vapeur. La vapeur chargée d'essence est ensuite refroidie, elle se condense et donne le distillat. Il est composé de l'huile essentielle qui surnage au-dessus de l'hydrolat (ou de l'eau florale s'il s'agit d'une distillation de fleurs).

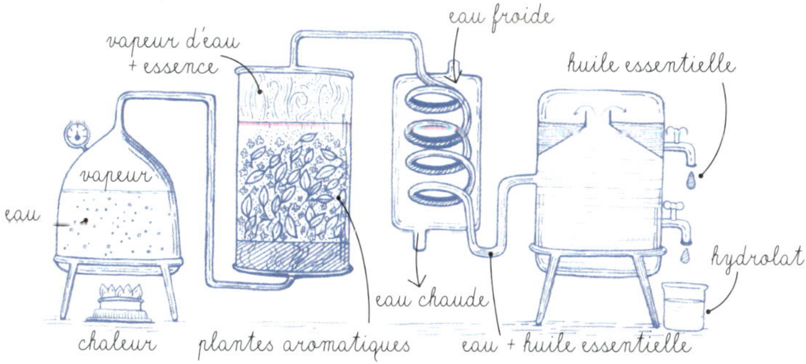

L'HYDROLAT est moins concentré que l'huile essentielle, il est plus doux, présente moins de risques et pourra être plus aisément utilisé par les enfants et les femmes enceintes.

L'huile essentielle s'utilise toujours diluée dans **UNE HUILE VÉGÉTALE**, en micro-quantité (une goutte) sur du miel, ou en inhalation dans de l'eau chaude. Elles sont formellement déconseillées aux femmes enceintes, allaitantes, aux enfants de moins de 12 ans, aux asthmatiques et aux épileptiques.

TEINTURES MÈRES,
MACÉRATIONS HYDROALCOOLIQUES

LA TEINTURE MÈRE est une macération de plantes fraîches ou sèches dans de l'alcool entre 60° et 90° pendant au moins 21 jours, en agitant tous les jours. À l'usage, elle est à diluer dans de l'eau ou de la tisane. On en trouve certaines en pharmacies, pas toutes, et la législation freine grandement leur commercialisation par les herboristes.

MACÉRATIONS HUILEUSES,
BAUMES, ONGUENTS

LA MACÉRATION HUILEUSE consiste à mettre les plantes sèches ou préfanées à macérer dans de l'huile d'olive, de tournesol, d'amande douce... et à exposer le pot à la chaleur du soleil pendant 21 jours à 1 mois (ensoleillés!) en tournant le pot régulièrement. On peut soit garder l'huile filtrée sous forme liquide soit la mélanger à de la cire d'abeille, du beurre de karité ou de coco pour obtenir un baume ou un onguent.

LA GEMMOTHÉRAPIE

LA GEMMOTHÉRAPIE, c'est la santé par les bourgeons. Ce sont des concentrés d'énergie cellulaire et de principes actifs. Ils ont en germe toute la plante à venir et portent en eux ce qu'on appelle le totum de la plante, c'est-à-dire une synergie entre tous les éléments qui la constituent plutôt que des principes isolés. On les cueille juste avant l'éclosion avant de les mettre à macérer pendant plusieurs semaines dans un mélange eau-alcool-glycérine.

On trouve les plantes sous bien d'autres formes : poudre, gélules, suc ou extrait fluide de plantes fraîches, SIPF (suspension intégrale de plante fraîche), EPS (extrait de plante fraîche standardisée), élixirs floraux et fleurs de Bach, vins médicinaux et liqueurs, sirops, vinaigres… L'essentiel est de choisir celle qui sera la moins contraignante pour vous et que vous réussirez à conserver sur la durée.

La thérapie par les plantes s'inscrit dans un temps assez long, les cures peuvent durer trois semaines, voire des mois donc choisissez la méthode qui correspond le mieux à votre quotidien et à votre sensibilité. Attention cependant, à bien respecter les dosages et les contre-indications !

NE PAS UTILISER LES PLANTES N'IMPORTE COMMENT

Si on fait n'importe quoi, ça ne fonctionne tout simplement pas

Les plantes, c'est utile mais pas magique et la plupart des cures se font sur du moyen terme, en adoptant en premier lieu une alimentation et un mode de vie adaptés. Donc, ne vous arrêtez pas après deux tasses de tisanes en vous disant que les plantes, c'est joli mais vraiment inutile.

Et surtout, ça peut être dangereux

Toutes les plantes ne sont pas bonnes pour tout le monde et ça n'est pas parce que c'est naturel que c'est sans danger. Eh oui..., elles sont réellement actives !

On ne donne pas n'importe quelle plante et n'importe quelle dose aux femmes enceintes, aux enfants, aux bébés, aux épileptiques, aux personnes allergiques à l'aspirine, celles sous anti-coagulants ou sous anti-inflammatoires, celles qui font de l'hypertension, ont eu des cancers hormono-dépendants (cancers du sein, de la prostate...) ou se préparent à une opération chirurgicale, ou simplement à s'exposer au soleil.

Les risques sont importants avec les huiles essentielles, et le mode d'emploi n'est souvent pas respecté parce qu'on se dit qu'en en mettant plus, ça fonctionnera mieux... Munissez-vous des meilleurs livres en la matière ou demandez à votre herboriste ou à défaut à votre pharmacien.

QUELLES PLANTES ACHETER & À QUI ?

QU'EST-CE QU'UN HERBORISTE ?

L'HERBORISTE dit **« DE COMPTOIR »** est celui qui vend les plantes médicinales en boutique. **LE PAYSAN-HERBORISTE** est celui qui les produit au champ, ou qui en fait une cueillette « sauvage ». Il vend ses plantes brutes ou les transforme en tisanes, en baumes, en huiles essentielles, en hydrolats…

Il y a, en parallèle de cette production-vente à petite échelle, toute une série de professionnels gravitant autour des plantes : producteurs de plantes à grande échelle, grossistes, transformateurs industriels, laboratoires pharmaceutiques, fabricants de compléments alimentaires, médecins, pharmaciens, naturopathes, etc.

Veillez à garder un esprit critique sur le mode de production des plantes que vous utilisez et sur leur origine, elles n'en seront que plus efficaces !

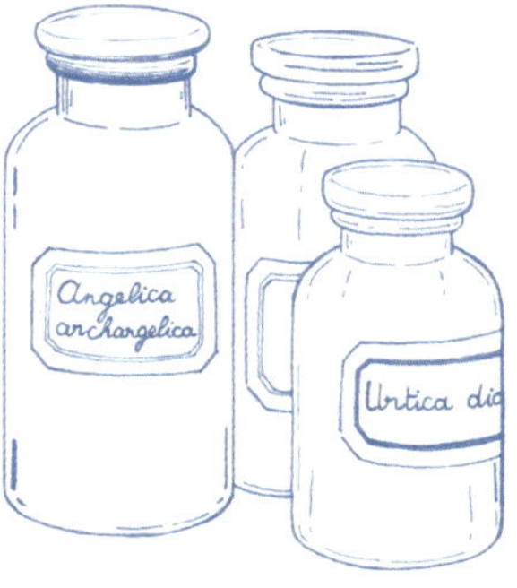

PLANTES LIBÉRÉES & LISTE A

QUELLES PLANTES PEUT-ON ACHETER LÉGALEMENT ? QUI A LE DROIT DE LES VENDRE ?

La législation autour de la vente des plantes est assez complexe. Depuis la suppression du certificat d'herboristerie en 1941 (bravo Pétain), la vente de plantes médicinales dans un but thérapeutique est réservée aux pharmaciens. Un petit groupe de 148 plantes rebelles est cependant hors de ce monopole, on les appelle les **PLANTES LIBÉRÉES** ! Il s'agit souvent de plantes qui peuvent aussi avoir un usage alimentaire. Elles peuvent être vendues par des non-pharmaciens mais sous certaines formes seulement. Par exemple, le coquelicot peut uniquement être vendu sous forme de pétales. Les non-pharmaciens n'ont en théorie ni le droit de faire des mélanges entre plusieurs plantes, ni le droit de faire des allégations thérapeutiques ou de vous donner des conseils sur la façon dont une plante pourrait vous soulager d'un rhume ou d'une migraine. Dans les faits, on assiste plutôt à un subtil exercice de contorsionniste avec les règles.

En dehors de ces 148 plantes, on se trouve dans le domaine réservé aux pharmaciens. Cependant, là aussi, on trouvera des règles à respecter. Les plantes de la pharmacopée sont réparties en deux listes :

- **LA LISTE A** : 425 plantes que les pharmaciens peuvent vendre librement
- **LA LISTE B** : 137 plantes très encadrées même pour les pharmaciens, du fait de leurs risques potentiellement plus importants que leurs bénéfices. On y trouve par exemple la ciguë officinale.

Assez étrangement, certaines plantes totalement inoffensives et très communes comme le bleuet et le calendula se trouvent dans la liste A et ne peuvent donc en théorie pas être vendues librement...

Monopole pharmaceutique dites-vous ?

COMMENT CHOISIR SES PLANTES ?

Il faut savoir choisir ses plantes et ne pas acheter n'importe quoi à n'importe qui... Les sachets de « tisanes » en supermarché, en termes de principes actifs, ce n'est pas fou... et les huiles essentielles produites en Chine, vendues en magasin de déco, au mieux ça sent bon, au pire vous risquez allergies respiratoires et eczéma de contact. Pas génial...

Privilégiez donc l'achat de plantes locales, directement au producteur si possible, auprès des AMAP ou en herboristeries. À défaut, les plantes vendues en magasins bios, en pharmacies et sur certaines plateformes d'herboristerie en ligne pourront faire l'affaire mais vérifiez bien leur provenance !

Une plante sèche de qualité, ce n'est pas de la poudre. On doit pouvoir reconnaître la plante ! Il faut qu'elle ait une belle couleur, préservée et une bonne odeur, fiez-vous à vos sens !

Pour celles et ceux qui souhaitent se lancer dans la cueillette ou si vous avez des plantes au jardin, attention à ne pas confondre une plante avec une autre ! Munissez-vous de bonnes flores à l'ancienne. Les applications de reconnaissance sont un outil génial mais pourraient vous induire en erreur et les accidents graves existent. Assurez-vous aussi de l'absence d'usage de produits phytosanitaires dans les environs... si votre voisin direct est un producteur intensif de maïs, malheureusement vos plantes pourraient ne plus être si bonnes pour votre santé.

LES PLANTES PAR SYSTÈME

LE GPS DE L'HERBORISTE

On a parfois l'impression que toutes les plantes sont bonnes pour tous les problèmes et on finit, embrouillés par toutes ces infos, par laisser tomber et s'en retourner à la chimie moderne. Celle-ci, on la connaît souvent bien mieux tant elle est omniprésente chez bon nombre d'entre nous depuis l'enfance.

Pour vous aider à trouver votre chemin dans cette jungle d'informations, je vous propose de fonctionner par systèmes du corps humain et par catégories de population. Pour chaque système et catégorie, j'ai choisi certaines plantes emblématiques, de préférence françaises et que vous avez sûrement déjà croisées, mais il y en a évidemment bien d'autres! (Beaucoup d'autres...).

On approfondira ensuite le portrait de 28 d'entre elles.

Ne cherchez pas à tout savoir et à tout maîtriser. Le champ est trop vaste, les connexions nombreuses et vous finirez par ne rien retenir. Sélectionnez quelques plantes, celles avec lesquelles vous avez des affinités et uniquement certains de leurs usages et oubliez le reste, pour l'instant.

Les portraits indiquent certains usages et certaines formes galéniques mais il en existe bien d'autres. Les ouvrages d'herboristerie proposent souvent de nombreuses méthodes et voies d'administration ou des quantités de plante très variables pour une même méthode. Pas facile de s'y retrouver. Je vais essayer de vous donner un panel varié des méthodes possibles, de préférence les plus simples et des quantités moyennes. N'hésitez pas à creuser le sujet avec des ouvrages de référence (voir à la fin de ce livre) ou auprès de votre herboriste.

SYSTÈME DIGESTIF

GUEULE DE BOIS
- Ortie
- Menthe
- Sauge
- Artichaut

CONSTIPATION
- Guimauve
- Pissenlit
- Plantain

REFLUX ACIDES
- Camomilles
- Guimauve
- Achillée millefeuille

APHTES
- Guimauve
- Ronce

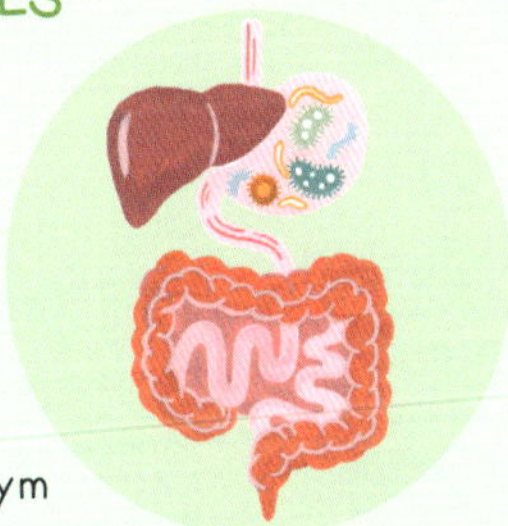

APPÉTIT
- Sauge
- Absinthe
- Gentiane

VERMIFUGE
- Guimauve
- Absinthe
- Gentiane
- Thym
- Lavande

INFLAMMATION
- Romarin
- Curcuma

DIARRHÉES & GASTRO
- Gentiane
- Menthe
- Thym
- Sauge
- Camomilles
- Ronce
- Pissenlit

NAUSÉES
- Angélique
- Gingembre
- Absinthe
- Menthe poivrée

FOIE
- Artichaut
- Romarin
- Souci
- Bardane
- Pissenlit
- Gentiane

LOURDEURS DIGESTIVES
- Romarin
- Bardane
- Absinthe
- Menthe
- Mélisse
- Angélique
- Gentiane

BALLONNEMENTS
- Thym
- Fenouil
- Angélique
- Menthe poivrée

SPASMES
- Thym
- Mélisse
- Camomille
- Menthe poivrée

SYSTÈME CUTANÉ BEAUTÉ & DERMATO

ECZÉMA
- Camomilles
- Aubépine
- Souci

DÉMANGEAISONS
- Souci
- Plantain
- Ortie

ANTI-ÂGE
- Bourrache
- Millepertuis
- Souci
- Prêle
- Ortie

ONGLES & CHEVEUX
- Prêle
- Ortie
- Bourrache

ACNÉ
- Arbre à thé
- Souci
- Bardane
- Pensée
- Pissenlit

PSORIASIS
- Bardane
- Lavande
- Souci
- Pensée

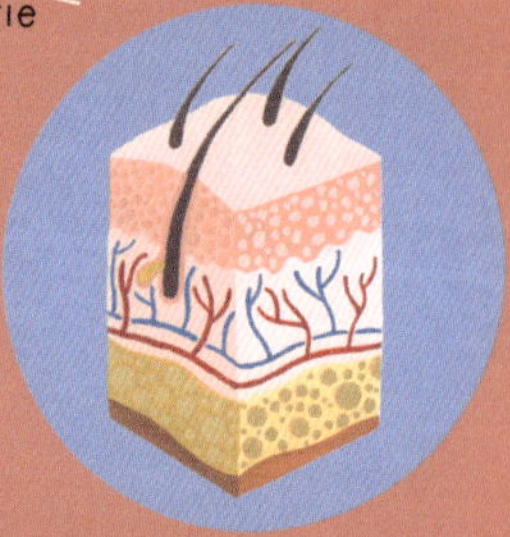

SYSTÈME NERVEUX & ÉMOTIONNEL

CONCENTRATION & MÉMOIRE
- Ginkgo
- Romarin

ANGOISSE
- Aubépine
- Valériane
- Millepertuis
- Camomilles

STRESS
- Mélisse
- Lavande

DÉPRIME
- Millepertuis
- Mélisse

ENDORMISSEMENT
- Petit Grain Bigaradier
- Mélisse
- Coquelicot
- Aubépine
- Lavande

SURMENAGE ÉMOTIONNEL
- Ortie
- Sauge

INSOMNIES
- Valériane
- Pavot de Californie
- Passiflore

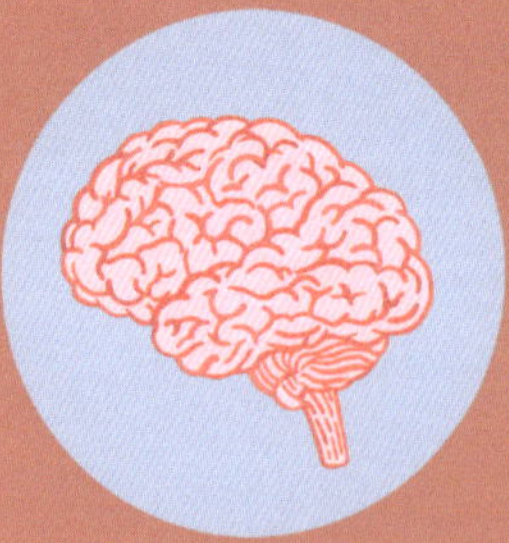

SYSTÈME CARDIOVASCULAIRE & CIRCULATION

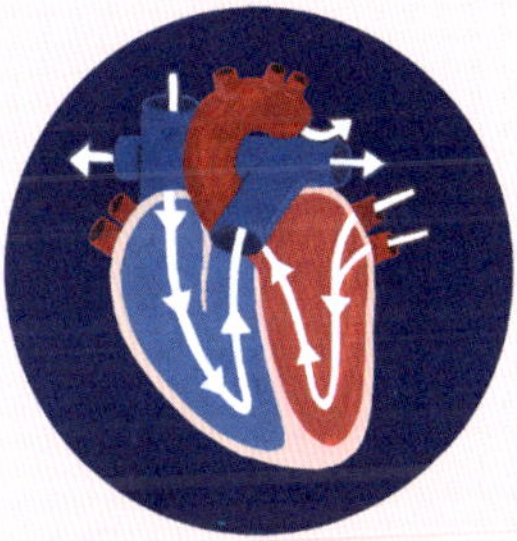

HÉMORROÏDES
- Vigne rouge
- Cassis
- Prêle
- Marronnier d'Inde

VARICES & PHLÉBITES
- Marronnier d'Inde
- Vigne rouge

CIRCULATION SANGUINE
- Vigne rouge
- Cassis
- Marronnier d'Inde

HYPERTENSION
- Lavande
- Aubépine

ARYTHMIE CARDIAQUE
- Aubépine

CHOLESTÉROL
- Romarin
- Artichaut
- Curcuma
- Cassis

JAMBES LOURDES & ŒDÈMES
- Ginkgo
- Cassis
- Vigne rouge
- Marronnier d'Inde

CELLULITE
- Vigne rouge
- Bouleau
- Reine-des-prés
- Pissenlit
- Fucus

SYSTÈME RESPIRATOIRE & ORL

OTITE & SINUSITE
- Thym
- Reine-des-prés
- Cassis
- Lavande
- Échinacées
- Romarin

ALLERGIE
- Cassis
- Thym
- Plantain

RHUME
- Échinacées
- Romarin
- Thym
- Achillée millefeuille
- Cassis
- Sureau

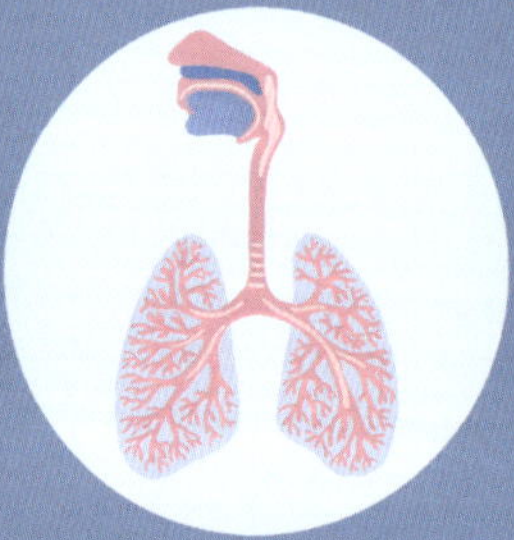

BRONCHITE
- Romarin
- Sureau
- Lavande
- Échinacées
- Lavande
- Plantain
- Eucalyptus
- Guimauve

TOUX
- Ortie
- Thym
- Guimauve
- Bourrache

ASTHME
- Hysope
- Plantain
- Marrube blanc

ANGINE
- Échinacées
- Guimauve
- Coquelicot
- Sureau
- Ronce
- Thym

SYSTÈME URO-GÉNITAL

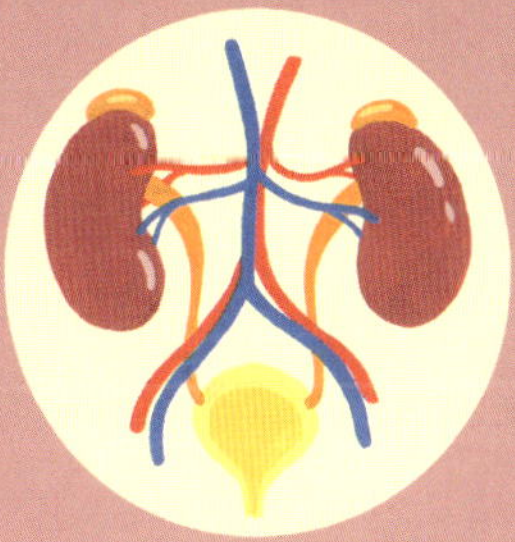

PROSTATE
- Épilobe
- Marronnier d'Inde
- Ortie
- Échinacées

MYCOSES CANDIDOSES
- Angélique
- Marronnier d'Inde
- Échinacées
- Bardane
- Thym

INFECTIONS URINAIRES & CYSTITES
- Prêle-des-champs
- Lavande
- Millepertuis
- Cassis
- Bardane
- Thym
- Pissenlit
- Ronce
- Bruyère
- Échinacées
- Mauve

CALCULS
- Achillée millefeuille
- Artichaut
- Cassis
- Pissenlit
- Reine-des-prés
- Ronce

SYSTÈME OSTÉO-ARTICULAIRE

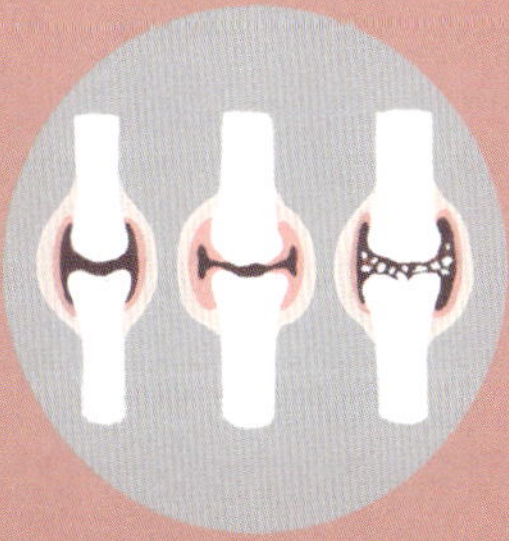

ARTHROSE
- Arnica
- Cassis
- Ortie
- Harpagophytum

ARTHRITE
- Harpagophytum
- Ortie
- Pissenlit
- Artichaut
- Hélichryse italienne

ENTORSE
- Hélichryse italienne
- Laurier noble
- Gaulthérie
- Reine-des-prés
- Frêne

RHUMATISMES
- Bruyère
- Bardane
- Saule
- Thym
- Échinacées

OSTÉOPOROSE
- Millepertuis
- Pissenlit
- Bourrache
- Ronce
- Guimauve

FRACTURE
- Consoude
- Prêle-des-champs
- Ortie

PLANTES DU GRAND ÂGE

ANTI-INFLAMMATOIRE
- Cassis
- Curcuma
- Bouleau

CHOLESTÉROL
- Chardon-Marie
- Pissenlit
- Romarin
- Artichaut

PROSTATE
- Ortie
- Busserole
- Cyprès
- Épilobe

MÉMOIRE
- Ortie
- Rhodiole
- Ginseng
- Ginkgo

MÉNOPAUSE
- Gattilier
- Safran
- Alfalfa
- Millepertuis
- Sauge

ANTI-OXYDANT
- Olivier
- Grenade
- Aronia
- Vigne rouge
- Cacaoyer

SYSTÈME ENDOCRINIEN

MÉNOPAUSE
- Houblon
- Trèfle rouge
- Sauge
- Mélilot

HYPOTHYROÏDIE
- Ginseng
- Fucus
- Eleuthérocoque
- Romarin
- Ashwagandha
- Gingembre

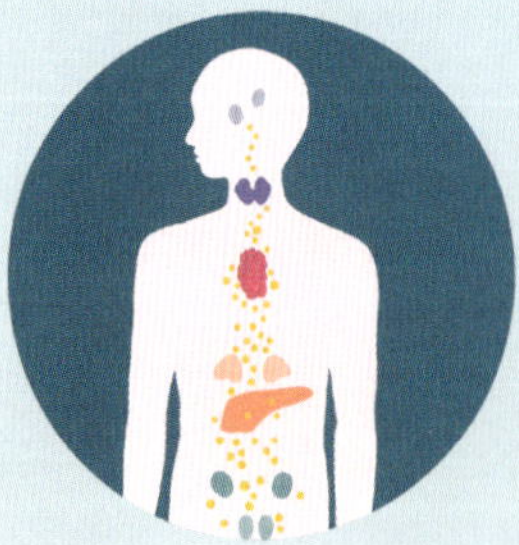

RÈGLES IRRÉGULIÈRES
- Ronce
- Pissenlit
- Gattilier
- Ortie
- Achillée millefeuille

HYPERTHYROÏDIE
- Lycope
- Mélisse
- Agripaume
- Aubépine
- Passiflore
- Gattilier
- Houblon

SYSTÈME IMMUNITAIRE

FIÈVRE
- Sureau
- Reine-des-prés
- Menthe poivrée

INFECTIONS & VIRUS
- Menthe poivrée
- Mélisse
- Thym
- Sauge
- Lavande
- Échinacées

DÉMINÉRALISATION
- Ortie
- Prêle-des-champs
- Fucus

ALLERGIES
- Plantain
- Pavot de Californie
- Cassis

IMMUNITÉ FAIBLE
- Fucus
- Thym
- Échinacées
- Menthe poivrée
- Sureau

FATIGUE
- Romarin
- Aronia
- Ortie
- Fucus
- Sauge
- Angélique

PLANTES DE LA FEMME

RÈGLES DOULOUREUSES

- Valériane
- Mélisse
- Camomilles
- Angélique
- Achillée millefeuille
- Bourrache
- Gattilier

SYNDROME PRÉMENSTRUEL

- Gattilier
- Onagre
- Framboisier

RÈGLES TROP ABONDANTES

- Ronce
- Alchémille
- Achillée millefeuille

ABSENCE DE RÈGLES & RÉGULATION

- Camomilles
- Pissenlit

MÉNOPAUSE

- Achillée millefeuille
- Sauge
- Vigne rouge
- Valériane
- Aubépine
- Bourrache
- Gattilier
- Millepertuis

PLANTES DE LA FEMME ENCEINTE

FATIGUE, ANÉMIE
- Romarin
- Ortie

MYCOSES
- Thym

REFLUX GASTRO-ŒSOPHAGIEN
- Guimauve
- Camomilles

NAUSÉES
- Mélisse
- Camomilles
- Verveine
- Cardamome

RÉTENTION D'EAU
- Vigne rouge

LACTATION
- Fenouil
- Fenugrec

ARRÊT DE LA LACTATION
- Sauge
- Persil

BALLONNEMENTS
- Angélique
- Menthes
- Fenouil

INFECTIONS URINAIRES
- Bruyère
- Mauve

HÉMORROÏDES
- Vigne rouge

PLANTES DES ENFANTS & DES BÉBÉS

CONSTIPATION
- Guimauve

DIARRHÉES
- Mélisse
- Thym

BOSSES
- Arnica
- Hélichryse italienne

REFLUX GASTRO-ŒSOPHAGIEN, SPASMES
- Mélisse
- Camomilles

SOMMEIL, ANGOISSES, CAUCHEMARS
- Lavande
- Mélisse
- Camomilles

ECZÉMA
- Plantain
- Souci

PLANTES DES SPORTIFS

ENTORSES COURBATURES
- Arnica
- Laurier noble
- Hélichryse italienne

ANALGÉSIQUE
- Saule
- Reine-des-prés

ANTIFONGIQUE
- Badiane
- Thym
- Romarin

ADAPTOGÈNE
ADAPTATION AU STRESS & À LA FATIGUE
- Eleuthérocoque
- Rhodiole

FATIGUE & DÉMINERALISATION
- Ortie
- Argousier
- Spiruline
- Ginseng

ANTI-INFLAMMATOIRE
- Cassis
- Consoude
- Curcuma

PLANTES DE LA DOULEUR

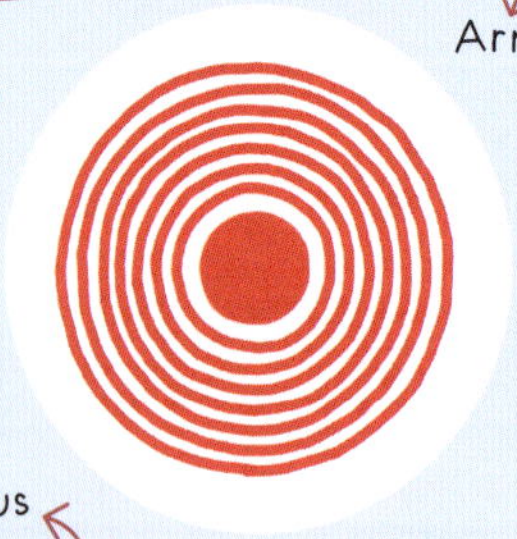

HÉMATOMES & BOSSES
- Hélichryse italienne
- Arnica

ENTORSES & TENDINITES
- Hélichryse italienne
- Arnica
- Prêle
- Harpagophytum
- Reine-des-prés

COURBATURES & CRAMPES
- Ortie
- Prêle

MAUX DE TÊTE
- Reine-des-prés
- Camomilles
- Menthe poivrée

RHUMATISMES ARTHROSE, ARTHRITE
- Curcuma
- Cassis
- Prêle
- Fucus
- Arnica
- Eucalyptus
- Harpagophytum
- Reine-des-prés
- Hélichryse italienne

RÈGLES DOULOUREUSES
- Menthe poivrée
- Achillée Millefeuille
- Mélisse
- Valériane

PLANTES DE LA DÉPENDANCE & DU SEVRAGE

TABAC, ALCOOL
- Passiflore
- Avoine
- Rhodiole
- Kuzu
- Valériane

SOMNIFÈRES OPIACÉES CANNABIS
- Valériane
- Passiflore

DÉPRESSION LÉGÈRE
- Avoine
- Rhodiole
- Millepertuis
- Safran

SURMENAGE BURN-OUT
- Avoine
- Ginseng
- Romarin

HYPERÉMOTIVITÉ ANXIÉTÉ
- Aubépine
- Millepertuis
- Passiflore
- Valériane

INSOMNIES
- Valériane
- Pavot de Californie

Achillea millefolium

ASTÉRACÉES

ACHILLÉE MILLEFEUILLE

On démarre avec cette plante très commune des bords de chemin et pourtant l'une des plantes médicinales les plus anciennement utilisées en Europe et en Asie.

La légende raconte qu'elle doit son nom au héros grec Achille, qui aurait soigné les soldats blessés pendant le siège de Troie grâce à ses propriétés cicatrisantes.

POUR LES INTIMES

Herbe militaire, Herbe à la coupure, Herbe aux Charpentiers, Sourcil de Vénus

ELLE RESSEMBLE À QUOI ?

Elle est constituée d'un corymbe de petites « fleurs » qui sont en fait des capitules, blancs ou roses.
Ses feuilles sont étroites et ressemblent à de nombreuses lanières très découpées, d'où son nom de « millefeuille ». Ses racines sont rampantes et ses tiges, hautes de 20 à 80 cm.

ELLE VIT OÙ ?

Elle est très répandue dans les prairies, les prés, le long des chemins, des berges ou des voies ferrées, dans les terrains vagues et les friches.

ON UTILISE QUELLES PARTIES ?

Les sommités fleuries pendant la belle saison, de mai à octobre.

Chez les Celtes, on accompagnait sa récolte de rites magiques.
Elle faisait aussi partie des 32 herbes divinatoires des sorcières.

SES COMPOSANTS

Elle contient des lactones sesquiterpéniques, des flavonoïdes, des tanins, de l'inuline, des acides phénols, des alcaloïdes (achilléine), des coumarines et de l'huile essentielle composée principalement de chamazulène, de camphre et de linalol.

Je vous explique ce que c'est en fin d'ouvrage !

ÇA SERT À QUOI ?

L'Achillée millefeuille est un tonique amer, elle stimule la production de sucs digestifs et limite les ballonnements. Elle est hémostatique et astringente et pourra rendre de grands services en cas d'intestins inflammés mais aussi d'hémorroïdes ou de diarrhées. Elle améliore la circulation sanguine au niveau du foie lorsqu'il a été trop sollicité par des abus d'alcool, de viandes ou de graisses animales.

Elle joue un rôle majeur dans la régulation des cycles féminins que ce soit en cas d'aménorrhées (effet progestatif) ou au contraire, de règles trop abondantes. Elle évacue le sang stagnant et a un effet équilibrant sur la production d'hormones. On pourra donc penser à elle dans les problématiques liées à l'endométriose. Elle est traditionnellement utilisée pour contrôler le saignement post-partum et les effets secondaires de la ménopause.

En externe, elle est cicatrisante des crevasses des mamelons, des hémorroïdes, de l'eczéma, etc. Sa décongestion du foie va lui permettre d'agir indirectement sur l'acné.

Plante dite circulatoire, elle fluidifie le sang et baisse l'hypertension artérielle. Elle est recommandée pour les varices et les phlébites et pour améliorer le retour veineux. Cela aurait un impact positif sur les douleurs rhumatismales.

ÇA S'UTILISE COMMENT ?

en INFUSION

Pour une tasse :

- 1 cuillère à café des sommités fleuries séchées
- 250 ml d'eau bouillante

Versez, couvrez, infusez 10 min.
Buvez 2 à 3 tasses par jour avant les repas.
Cure de 3 semaines puis repos 7 jours.

en TEINTURE MÈRE

- 20 à 30 gouttes, 3 fois par jour dans un peu d'eau.

en POMMADE

À utiliser en massage sur les rhumatismes douloureux et les peaux irritées

Faites fondre dans une casserole :

- 90 g d'huile de coco
- 30 g de capitules floraux frais hachés menu

Faites frémir à feu doux pendant 5 min.
Laissez reposer une nuit.
Le lendemain, reportez à frémissement, filtrez dans un tissu et mettez en pot. La pommade se conserve un mois au frigo.

Elle est déconseillée aux femmes enceintes et allaitantes, à cause de son pouvoir emménagogue (elle déclenche les règles), ainsi qu'aux personnes allergiques aux Astéracées, car elles peuvent provoquer des dermatites.

Angelica archangelica

APIACÉES
ex-Ombéllifères

ANGÉLIQUE

Plante connue des populations nordiques, elle aurait été cultivée depuis le XIIe siècle par les Lapons qui la conservaient cuite avec du lait de renne dans des estomacs de renne suspendus aux poutres. Plus poétique, ses nombreuses vertus lui donnèrent la réputation d'être un don des anges. Une légende raconte qu'elle aurait été apportée par l'archange Raphaël à Charlemagne pour soigner son armée de la peste, d'où son nom.

POUR LES INTIMES

Archangélique, Racine du Saint-Esprit, Herbe des anges

ELLE RESSEMBLE À QUOI ?

C'est une plante de grande taille (jusqu'à 3 m).
Elle a de très grandes feuilles larges, découpées, à folioles ovales et dentés. Sa tige est épaisse, cylindrique et creuse. Son pétiole présente une gaine. La plante se termine par des ombelles très larges comptant de 20 à 40 rayons, portant des fleurs discrètes d'un blanc verdâtre. Ses fruits d'environ 8 mm sont plutôt plats, en forme de rectangles ovales, avec de petites ailes. Elle a une odeur très aromatique particulière, pénétrante.

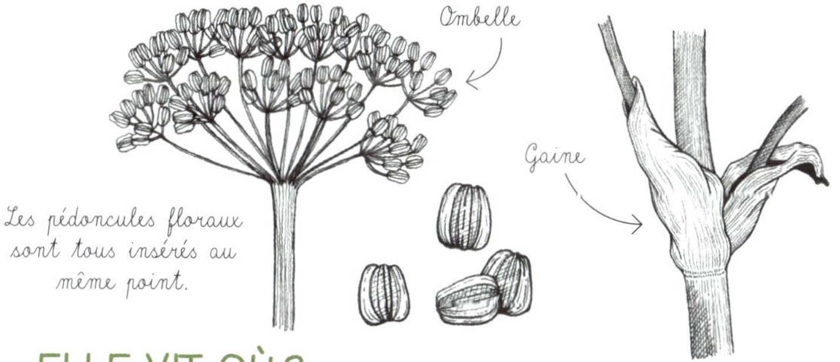

ELLE VIT OÙ ?

L'Angélique vient du Nord, entre Scandinavie, Groenland et Russie.
En France, elle n'est pas une plante spontanée et on la trouvera toujours cultivée. On peut par contre rencontrer sa cousine l'Angélique des bois dans les clairières fraîches et les prairies ombragées. Plus petite, elle a des propriétés similaires mais beaucoup moins prononcées.

ON UTILISE QUELLES PARTIES ?

Toutes ! mais surtout les racines que l'on prélève sur des pieds d'au moins 2 ans. On récolte aussi les semences lorsqu'elles sont bien sèches, les feuilles avant la floraison et les tiges qui servent surtout à la confiserie. La plante meurt au bout de 3 à 4 ans.

SES COMPOSANTS

La racine étant une réserve, elle contient pas mal de sucres (fécule et saccharose), mais ce qui nous intéresse, c'est surtout son huile essentielle comprenant des monoterpènes et des dérivés de coumarines comme l'ombelliférone ou l'archangélicine. La plante contient aussi des acides (caféique, chlorogénique et angélique), des tanins et des flavonoïdes.

ÇA SERT À QUOI ?

L'Angélique est carminative et cholagogue, c'est-à-dire qu'elle facilite l'expulsion des gaz et l'évacuation de la bile. C'est aussi un antispasmodique qui agit sur les crampes intestinales et une stimulante enzymatique.
Tout ceci va lui permettre d'aider à la digestion en cas de ballonnements et de spasmes intestinaux. Elle a aussi prouvé son efficacité sur les brûlures d'estomac et les ulcères et agit aussi en tant qu'antalgique (calmant de la douleur).

Son côté expectorant va lui permettre de fluidifier et d'évacuer les sécrétions en cas de bronchite ou de toux grasse, tandis qu'elle adoucit les toux sèches et l'asthme.

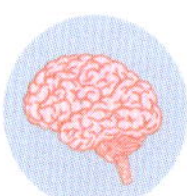

Ses propriétés sédatives calment le système nerveux et favorisent le sommeil notamment en période de surmenage. Elle réduit l'agitation, l'agressivité, l'anxiété et l'irritabilité.

Cela ne veut pas dire qu'elle nous rend raplapla !
Au contraire, c'est une plante tonique qui ranime les forces affaiblies et stimule le système immunitaire.

ÇA S'UTILISE COMMENT ?

en DÉCOCTION

Les racines sont plus puissantes que les graines

- Si vous prenez les racines : 15 à 30 g/litre d'eau
- Si vous prenez les graines : 8 à 15 g/litre

Laissez macérer dans l'eau froide une nuit.
Portez à ébullition 10 min.
Et faites infuser à couvert 10 min puis filtrez.
Buvez 3 tasses par jour, après les repas.

Vous pouvez mélanger les semences d'Angélique avec d'autres plantes comme des feuilles de Menthe, des pétales de Rose, des capitules de Camomille selon votre goût et les propriétés recherchées.

en TEINTURE (alcoolature)

- Mettez 10 g de fleurs d'Angélique écrasées au pilon dans un bocal et recouvrez avec 100 g d'alcool à 60°.

Laissez macérer 7 jours. Pressez et filtrez.
Prenez 15 à 20 gouttes dans une tisane, 3 fois par jour.

On peut aussi la faire avec 100 g de racines fraîches hachées + 1 dl d'alcool

VIN D'ANGÉLIQUE

- 50 g de graines
- 1 litre de vin blanc

Laissez macérer 3 jours.
Sucrez selon votre goût avec un sirop de sucre.
1 verre à liqueur avant les repas.

L'Angélique est contre-indiquée pendant la grossesse et l'allaitement, son huile essentielle peut être abortive. Elle est photosensibilisante, il est donc déconseillé de s'exposer au soleil après une prise d'Angélique. Limitez les cures à 3 semaines.

Crataegus monogyna ROSACÉES

AUBÉPINE

C'est la plante des cœurs brisés, au sens propre comme au figuré! Elle soigne autant les troubles du rythme cardiaque que les angoisses des émotifs et des surmenés.

Elle a toujours été associée à l'amour et au cœur. En Grèce antique, les convives des mariages arboraient une branche d'Aubépine à leur costume souhaitant ainsi bonheur aux mariés. La plante ornait aussi la porte de la chambre pendant la nuit de noces.

POUR LES INTIMES

Épine blanche, Bois de mai, Poire d'oiseau, Sennelier

ELLE RESSEMBLE À QUOI ?

C'est un arbuste qui forme des buissons enchevêtrés et très épineux. L'écorce est lisse et grise puis devient brune et écailleuse sur la plante âgée. Les fleurs sont blanches ou rosées, avec 5 pétales, un seul style et des anthères rouges. Elles sont disposées en corymbe (voir schéma). Leur odeur est enivrante pour certains, vraiment nauséabonde pour d'autres ! L'Aubépine produit des fruits ovoïdes rouges, les cenelles. Les feuilles sont découpées en 5 à 7 lobes.

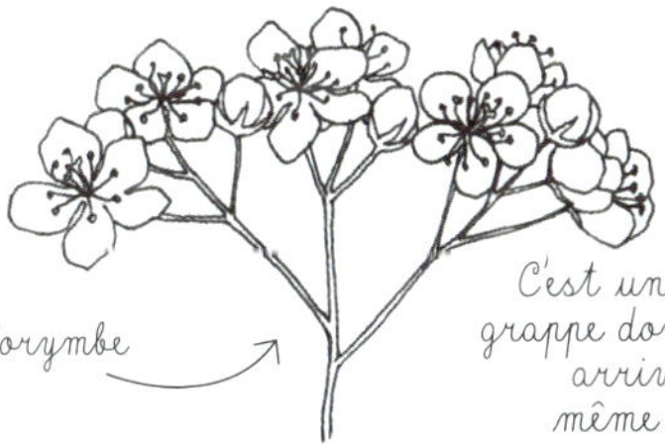

ELLE VIT OÙ ?

Partout en Europe, elle forme des haies à la lisière des bois. C'est un abri très prisé des petits passereaux !

ON UTILISE QUELLES PARTIES ?

Surtout les fleurs qu'il faut récolter juste avant qu'elles ne s'épanouissent, mais aussi les fruits, les bourgeons et parfois l'écorce.

→ en gemmothérapie

SES COMPOSANTS

Elle contient des minéraux, des vitamines, les acides caféique et chlorogénique, des flavonoïdes (vitexine, quercétine, rutine hypéroside), des tanins, des stérols, des saponosides, de la vitamine C et des acides aminés.

ÇA SERT À QUOI ?

La fleur d'Aubépine régule le rythme cardiaque. Elle calme les palpitations et réveille les cœurs séniles. Elle peut être utilisée autant sur les problématiques d'hypertension que d'hypotension. Elle a une action sur la dissolution des dépôts artériels qui la rend intéressante en complément des traitements contre athérosclérose et les suites d'infarctus.

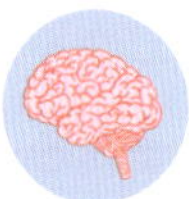

L'Aubépine a une action sédative sur le système nerveux central et le système sympathique. Elle est utile en cas d'insomnies et de troubles du sommeil liés à la ménopause. C'est aussi une plante calmante pour les angoisses, le stress et l'hyper-émotivité.

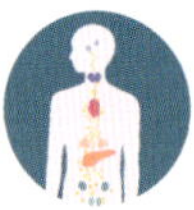

L'usage des bourgeons en gemmothérapie pourra être bénéfique aux personnes souffrant d'hyperthyroïdie mais aussi de bouffées de chaleur.

Grâce aux propriétés astringentes de ses tanins, l'Aubépine est utile en cas de diarrhées. Elle pourra aussi calmer les spasmes de l'estomac chez les grands nerveux.

Son nom latin « monogyna » vient du fait que ses fleurs n'ont qu'un ovaire, contrairement à d'autres aubépines. Sa cenelle n'aura donc qu'une seule graine.

ÇA S'UTILISE COMMENT ?

en TISANE

Pour une tasse :

- 1 cuillère à soupe de fleurs
- 250 ml d'eau bouillante

Versez, couvrez, infusez 10 min.

en DÉCOCTION

Pour 1 litre :

- 10 g de cenelles séchées et broyées

Faites frémir pendant 10 min, puis infusez 10 min. Filtrez.

Boire 3 tasses par jour ou mieux, des petites gorgées au cours de la journée. Cure de 3 semaines, repos 7 jours puis renouvelez.

en GEMMOTHÉRAPIE

- Jeunes pousses en 1 D → taux de dilution
- 30 à 50 gouttes matin et soir dans un peu d'eau.

en SIPF : suspension intégrale de plantes fraîches

- 1 c. à café 1 à 2 fois par jour.

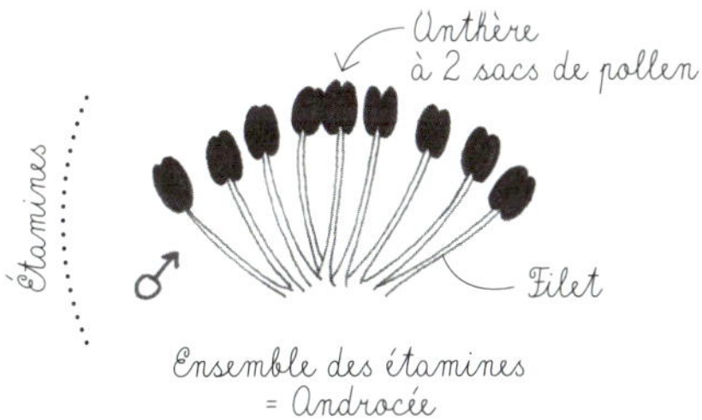

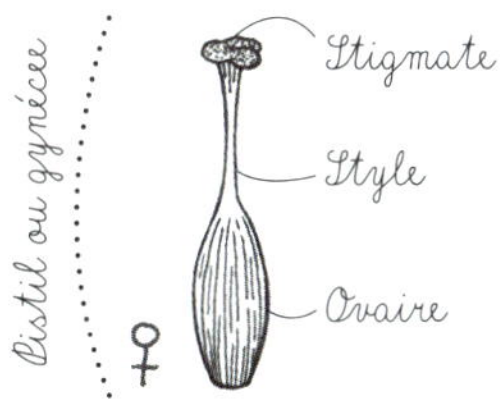

L'Aubépine est contre-indiquée en cas d'hypothyroïdie. Les SIPF contiennent de l'alcool. Même si les doses journalières sont minimales (10 fois moins qu'un demi de bière), on évite leur usage pour les femmes enceintes et les enfants de moins de 40 kg. Interactions possibles avec les médicaments cardiotoniques, l'hydrochlorothiazide et la doxorubicine.

Arctium lappa et minus **ASTÉRACÉES**

BARDANES

Elle est à l'origine du Velcro ! Et on comprend bien pourquoi avec ses capitules garnis de coriaces crochets qui s'accrochent à tous les coups à nos vêtements et aux poils des animaux !

Mais au-delà de cette particularité potentiellement agaçante, c'est aussi un détoxifiant général et un très bon allié contre les problèmes de peau.

POUR LES INTIMES

Chou d'âne, Herbe aux teigneux, Oreille de géant, Gratteron, Peignerolle, Glouteron...

ELLE RESSEMBLE À QUOI ?

Les botanistes en distinguent 5 espèces en France, mais elles sont toutes très similaires. Leur taille varie entre 0,5 et 2 m. Elles ont de grandes et larges feuilles et des capitules floraux globuleux d'une grosseur variant entre celle d'une cerise et d'une grosse prune. Les fleurs sont violacées et entourées d'une multitude de bractées qui ressemblent à de petits crochets. Ce sont eux qui s'accrochent aux vêtements et aux poils d'animaux (c'est ce qu'on appelle la zoochorie). Les Bardanes sont bisannuelles.

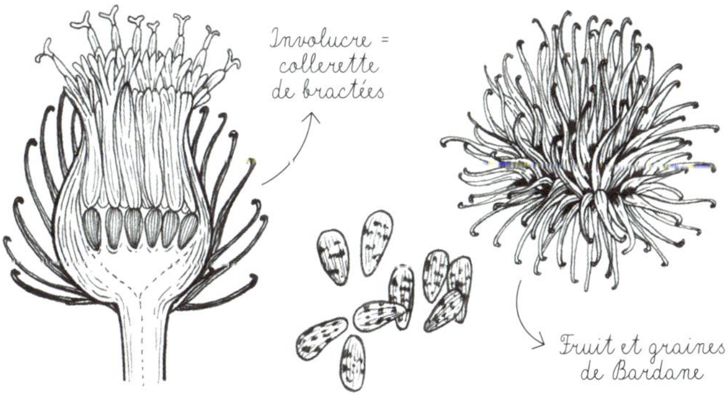

ELLE VIT OÙ ?

Proche de l'homme et des lieux habités car elle cherche les sols riches en nitrate, en humus et en ammoniac. Elle pousse en groupes le long des chemins, dans les terrains vagues, au pied des murs ou sur les places de village.

ON UTILISE QUELLES PARTIES ?

Les feuilles bien saines au printemps et la racine, au printemps de la 2e année (plus efficace à l'état frais que sec).

SES COMPOSANTS

On y trouve beaucoup d'inuline, surtout dans la racine, mais aussi des mucilages, des tanins, des acides phénols (caféique et chlorogénique) et des substances amères, les lactones sesquiterpéniques.

ÇA SERT À QUOI ?

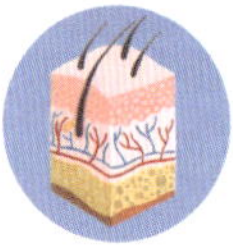

La Bardane est principalement une plante de la peau. Dépurative et diurétique, elle aide le corps à nettoyer un terrain surchargé de toxines, souvent déclencheur de problèmes de peau comme l'acné ou l'eczéma qu'elle va aussi calmer grâce à ses propriétés antiseptiques et anti-inflammatoires. Elle est aussi anti-prurigineuse, ce qui lui permet de soulager les démangeaisons et l'urticaire. Elle est apportée en soutien sur les cas de psoriasis.

Comme toutes les plantes amères, elle agit sur le foie. Elle est cholérétique et favorise la production de bile. Elle est aussi hypoglycémiante grâce à son inuline. On la retrouve souvent dans les cures dépuratives.

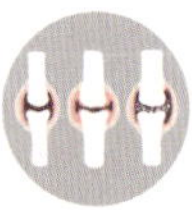

Ses feuilles cuites dans de l'eau sont traditionnellement utilisées en cataplasmes chauds sur les gonflements articulaires.

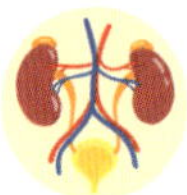

Diurétique, elle nous aide à faire pipi et est souvent retrouvée dans les remèdes contre les infections urinaires et les calculs rénaux.

Son nom tiré du grec nous donne de bons indices sur sa tendance à s'accrocher partout. En effet *arctium* vient de *arkots*, « ours » ou « oursin » et *lappa* de *labeîn*, « saisir ».

ÇA S'UTILISE COMMENT ?

en DÉCOCTION

Pour une tasse :

- 1 c. à café de racines séchées
- 250 ml d'eau

Faites bouillir pendant 5 min.
Couvrez et laissez infuser pendant 10 min.
Buvez 3 tasses par jour.

Attention, diurétique ! Évitez de boire votre dernière tasse juste avant d'aller vous coucher !

Refroidie, elle peut être utilisée pour nettoyer la peau

On peut faire précéder la décoction d'une macération à l'eau froide la nuit par exemple.

C'est un peu amer donc n'hésitez pas à ajouter une plante comme la Menthe, la Mélisse ou la Verveine à l'infusion pour un goût plus agréable, ou des fleurs de Pensée sauvage et des feuilles d'Ortie pour jouer à fond le combo peau.

en TEINTURE

- 20 gouttes dans un peu d'eau

3 fois par jour
Cure de 3 semaines, faites une pause d'une semaine entre 2 cures.

en LOTION CAPILLAIRE

- Mettez des racines de Bardane séchées dans un bocal.
- Recouvrez de vinaigre de cidre chauffé.

Fermez le bocal et laissez macérer 15 jours en remuant régulièrement puis filtrez.

S'utilise en friction sur le cuir chevelu pour limiter les pellicules et les démangeaisons.

Ne pas utiliser chez l'enfant, la femme enceinte ou allaitante, ni en cas de prise de médicaments hypoglycémiants.

Calluna vulgaris ÉRICACÉES

CALLUNE

C'est la plante du système urinaire ! Les anciens lui attribuaient le pouvoir de « casser la pierre » dans les problématiques de calculs rénaux. Il semblerait que cela relève plus de la légende que du fait scientifique. Son efficacité sur les cystites et autres infections urinaires est en revanche bien documentée.

POUR LES INTIMES

Bruyère commune, Brande, Grosse, Bucane, Béruée, Péterolle

ELLE RESSEMBLE À QUOI ?

C'est un petit arbrisseau buissonnant, avec beaucoup de rameaux. Ses fleurs sont réunies en grappes au sommet des rameaux. Attention, elles sont trompeuses ! Ce qui ressemble à des pétales roses ou violacés est en fait des sépales et ce qu'on pense être la corolle est donc le calice ! La corolle est cachée à l'intérieur de celui-ci. Les feuilles sont minuscules (2 à 5 mm de long) et restent toujours vertes.

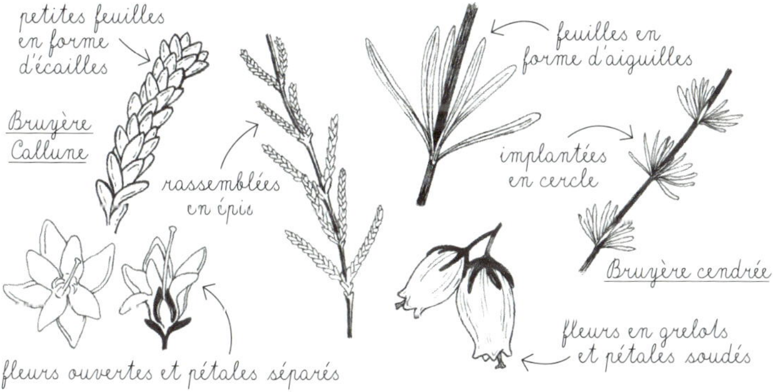

Bruyère cendrée ou Callune ? Pas évident de différencier ces deux-là ! Mais à y regarder de plus près, la Bruyère cendrée a des fleurs en forme de grelot tandis que la Callune a des fleurs à 4 pétales et 4 sépales bien séparés.

ELLE VIT OÙ ?

Elle est très commune, on la trouve dans presque toute l'Europe dans les landes du littoral, les tourbières, les pinèdes ou en basse montagne.

ON UTILISE QUELLES PARTIES ?

Les grappes fleuries que l'on récolte au début de leur épanouissement.

SES COMPOSANTS

Des acides phénols, des tanins, des flavonoïdes dont la quercétine, de l'arbutine (anti-inflammatoire et antibactérienne) et des terpénoïdes (dont une huile essentielle et des phytostérols).

ÇA SERT À QUOI ?

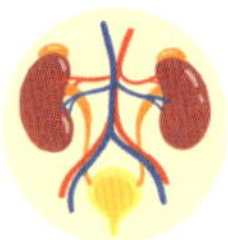

La Bruyère est un diurétique puissant et un bon antiseptique des voies urinaires. Son indication principale sera donc le traitement des infections urinaires, des pyélonéphrites (infections du rein) et des prostatites (inflammation de la prostate). Elle agit en tant qu'anti-inflammatoire sur les muqueuses et évite la multiplication des germes responsables de l'infection. De nombreux écrits évoquent son usage sur les calculs rénaux. Sa capacité à dissoudre les calculs est remise en question mais sa propriété diurétique reste d'un grand secours dans cette affection.

Son action antiseptique et astringente va permettre de calmer les leucorrhées qui sont des écoulements vaginaux anormaux liés à une infection génitale.

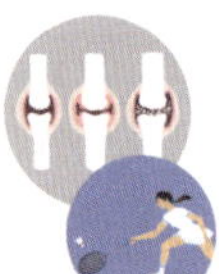

Dépurative, diurétique et anti-inflammatoire, elle est indiquée dans les douleurs musculaires et articulaires comme les rhumatismes et l'arthrite. En bain, elle favorise le tonus musculaire.

ÇA S'UTILISE COMMENT ?

en INFUSION

Pour une tasse

- 1 c. à soupe de fleurs de Bruyère séchées
- 250 ml d'eau

Versez, couvrez, infusez 5 min et filtrez.
Boire 4 tasses par jour entre les repas.

Pour les cystites récidivantes, on peut aussi préparer un mélange:
fleurs de Bruyère
+ feuilles de Busserole
+ fleurs de Mauve
+ feuilles de Guimauve

Comptez 8 c. à soupe pour un 1 litre. Commencez par une macération à froid dans l'eau pour faire sortir les mucilages de la Mauve et de la Guimauve puis faites frémir 3 min, infusez 15 min.
Filtrez et buvez toute la journée entre les repas. Cure de 20 jours.

en MACÉRÂT HUILEUX

- Remplissez un bocal en verre teinté de fleurs préfanées.
- Recouvrez d'huile végétale (olive, tournesol, amande douce...) bio et fermez le bocal avec une compresse et un élastique.

Mettez le bocal pendant 1 mois au soleil, devant une fenêtre bien exposée par exemple. Filtrez.
À utiliser en massage sur les douleurs articulaires et musculaires.

On peut aussi prendre un bocal en verre non teinté mais il faudra le mettre dans un sachet en kraft pour que les rayons UV ne détruisent pas les composants actifs de la plante.
On cherche la chaleur du soleil mais pas ses rayons !

en BAIN

- 50 à 100 g pour 3 litres d'eau

Faites bouillir 3 min et infuser 10 min.
Filtrez et ajoutez à l'eau du bain comme décontractant musculaire pour les sportifs ou comme anti-rhumatismal.

Matricaria chamomilla ASTÉRACÉES

CAMOMILLE MATRICAIRE

« Matricaire » vient du latin *matrix*, qui signifie « matrice » ou « utérus » et est un dérivé de *mater*, « mère ». On est facilement mis sur la piste. Cette plante est une des plantes des femmes par excellence et on dit qu'elle soigne avec la douceur d'une mère.

POUR LES INTIMES

Camomille allemande, Camomille vraie, Œil du soleil, Petite camomille

ELLE RESSEMBLE À QUOI ?

On est face à un gros morceau, pas si évident botaniquement parlant ! À première vue, on pourrait penser que la matricaire ressemble plus ou moins à une marguerite. C'est assez vrai pour sa « fleur », c'est un capitule avec un cœur jaune constitué de fleurs tubulées cerclé de ligules blanches. En revanche, ça l'est beaucoup moins pour ses feuilles, qui ressemblent un peu à des feuilles d'aneth. Et surtout, la matricaire a une odeur caractéristique un peu miellée. Donc fiez-vous à votre nez !

Entre les différentes camomilles, on distingue notamment :

1. la Camomille romaine ou noble
2. la Camomille allemande ou Matricaire
3. la Grande Camomille.

Mais là, c'est une affaire de botaniste, d'absence ou de présence de paillettes sur le réceptacle et de stries sur les akènes... compliqué !

La Matricaire n'est botaniquement parlant pas de la famille des Camomilles mais bien des Matricaires. C'est un abus de langage de la classer dans ce groupe mais la confusion est sans conséquence car les propriétés de ces deux groupes sont analogues.

Retenons que les ligules de la Matricaire se rabattent vers le sol comme un parapluie et que c'est une annuelle à une tige dressée, tandis que les autres sont des vivaces à plusieurs tiges.
Elles ont toutes de belles propriétés médicinales. La romaine est très amère, on l'utilise plutôt pour les problèmes digestifs. Elle ressemble parfois à de petits pompons (stériles), mais pas toujours...

Compliqué je vous disais !

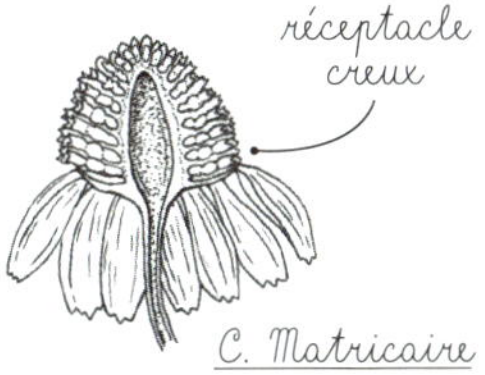

ELLE VIT OÙ ?

Elle est très répandue dans les champs, les villages et le long des chemins.

ON UTILISE QUELLES PARTIES ?

Les fleurs, ou plutôt les capitules et les feuilles.

SES COMPOSANTS

Indice ! Elle est amère et qui dit amer dit souvent lactones sesquiterpéniques. On trouve donc ces composants chimiques au nom bizarre dans la Matricaire aux côtés de flavonoïdes, de coumarines et de mucilages et du célèbre chamazulène, l'huile essentielle bleue.

ÇA SERT À QUOI ?

La Matricaire est une plante antispasmodique et anti-inflammatoire. Conjuguées à son action calmante du système nerveux, ces propriétés lui permettent d'être tout indiquée pour calmer les douleurs de règles mais aussi pour réguler les cycles ou déclencher les règles surtout quand ces instabilités sont d'origine nerveuse.

C'est aussi un remède pédiatrique, notamment dans la 1re année du bébé, en infusion pour les coliques et les poussées dentaires, là encore pour ses propriétés antispasmodiques et pour son côté anesthésique léger et calmant.

Elle agit aussi sur le système digestif de l'adulte sujet à une digestion difficile, à des spasmes intestinaux, des flatulences, des éructations (le mot pompeux pour rot), des acidités gastriques dont elle calme l'inflammation.

En application externe, elle sera apaisante sur les démangeaisons dues aux eczémas et aux allergies et cicatrisante des plaies, des panaris, des aphtes ou des coups de soleil. On l'utilise aussi en collyre dans les conjonctivites et les inflammations de la paupière.

ÇA S'UTILISE COMMENT ?

en INFUSION

Pour une tasse :
- 2 capitules
- 250 ml d'eau frémissante

Versez, couvrez, infusez 7 à 10 min et filtrez.
Buvez 3 tasses par jour, avant les repas.

Les fleurs fraîches ont un effet supérieur.

N'hésitez pas à l'utiliser en mélange avec d'autres plantes pour contre-balancer le goût amer.

en HYDROLAT

- En utilisation externe (vaporisation, compresse) pour les peaux irritées, les inflammations des yeux, les érythèmes fessiers du nourrisson...
- En utilisation interne pour les inflammations digestives, les migraines, l'agitation nerveuse, les règles douloureuses.
  - Chez l'adulte : 1 c. à café 3 fois/jour pur ou dilué dans de l'eau
  - Chez l'enfant : 2 à 3 c. à café/jour
  - Chez le bébé : 1 c. à café dans le biberon/jour

en MACÉRÂT HUILEUX

- Remplissez un bocal en verre teinté de fleurs préfanées ou sèches.
- Recouvrez d'huile d'olive bio et fermez le bocal avec une compresse et un élastique pour laisser l'humidité s'échapper. Mettez le bocal pendant un mois au soleil, devant une fenêtre bien exposée. Filtrez. Conserver à l'abri de la lumière.

À utiliser en massage pour un effet calmant.

Pas de toxicité particulière recensée mais certaines personnes sont allergiques aux Astéracées. Cure de 5 jours maximum pour les bébés.

Ribes nigrum GROSSULARIACÉES

CASSISSIER

C'est l'une de mes plantes favorites. Son parfum me transporte instantanément dans le jardin de ma grand-mère en Suède. L'été, j'allais y manger ses fruits, petits joyaux trop acides qui me faisaient grimacer mais dont j'adorais pourtant la saveur. Et ce que je trouve magique avec le Cassis, c'est que ses feuilles sont tout aussi odorantes que ses fruits. Les froisser entre mes doigts est toujours un moment magique et émouvant.

POUR LES INTIMES

Groseillier noir, Cassis à grappes, Gadelier noir, Cassetier des Poitevins

IL RESSEMBLE À QUOI ?

C'est un arbrisseau bien connu qui peut atteindre 1,5 à 2 m.
On sent souvent son parfum avant même de voir la plante. Il émane des nombreuses petites glandes aromatiques de la face inférieure de la feuille. Celles-ci sont caduques, alternes, d'un beau vert clair, aussi larges que longues et découpées en 3-5 lobes dentés.
Le Cassis porte des grappes de petites fleurs verdâtres ou rougeâtres qui deviendront des baies violet-noir acides et parfumées, couronnées par le calice flétri de la fleur.

Bourgeons de Cassis

IL VIT OÙ ?

C'est une plante des bois humides, des haies et des marécages de fond de vallée. Elle est répandue dans le Nord et l'Est de l'Europe. En France, on le trouve surtout sous forme cultivée et parfois sous forme sauvage en Bourgogne et en Lorraine.

ON UTILISE QUELLES PARTIES ?

On utilise aussi bien les fruits, les feuilles que les bourgeons.
C'est une des plantes star de la gemmothérapie !

SES COMPOSANTS

Les feuilles contiennent des tanins, des acides phénols, des flavonoïdes et des anthocyanes. Les fruits sont riches en vitamine C, en fer, en calcium et en anthocyanosides (on en trouve généralement en présence des couleurs violacées ou bleutées).

ÇA SERT À QUOI ?

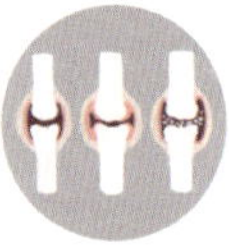

Les feuilles de Cassis sont de grandes alliées des rhumatisants. Elles sont à la fois drainantes, anti-inflammatoires et analgésiques, ce qui permet de soulager les douleurs articulaires et les crises de goutte dues à un trop fort taux d'acide urique. On peut dans ce but l'associer aux feuilles de Frêne et de Reine-des-Prés.

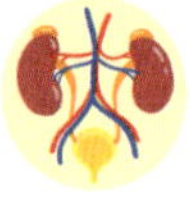

Diurétiques et dépuratives, elles aident au drainage rénal et augmentent le volume des urines.

Pour les mêmes raisons, elles vont agir sur les problématiques de rétention d'eau notamment en période de ménopause. Le Cassis est aussi un bon stimulant en cas de fatigue surrénalienne car il favorise la production de cortisol. Celui-ci va diminuer les réactions immunitaires à l'origine des réactions inflammatoires (goutte, arthrite) mais aussi des réactions allergiques. Le Cassis peut donc être bien utile si vous êtes sujets aux rhumes des foins ou aux allergies cutanées !

Enfin, ses fruits et ses bourgeons très antioxydants et riches en vitamine P sont de grands protecteurs du système cardiovasculaire autant au niveau veineux qu'artériel. Ils protègent les cellules du vieillissement et pourront aussi réguler une tension artérielle basse notamment chez les personnes fatiguées.

ÇA S'UTILISE COMMENT ?

en GEMMOTHÉRAPIE (macérat glycériné de bourgeons)

- 5 à 15 gouttes par jour, pures ou diluées dans de l'eau.

Stimule l'immunité et la vitalité

en TISANE

- 1 bonne poignée de feuilles
- 1 litre d'eau

Portez à ébullition la veille au soir et laissez infuser toute la nuit
Boire au fil de la journée.

C'est aussi possible de faire uniquement une infusion à froid pour une boisson rafraîchissante, les feuilles sont très aromatiques !

en HYDROLAT

- Chez l'enfant : 1 c. à café par jour
- Chez l'adulte : jusqu'à 5 c. à café par jour

Faites une cure de 2 à 3 semaines.

VIN DE CASSIS

- 50 g de feuilles
- 1 litre de vin blanc

Faites macérer pendant 10 jours puis filtrez.
Prenez 1 verre à liqueur avant le repas midi et soir.

Les feuilles peuvent être déconseillées en cas d'insuffisance cardiaque ou rénale. Le cortisol peut augmenter la pression artérielle donc mieux vaut éviter les feuilles et bourgeons de Cassis en cas d'hypertension.

Echinacea purpurea

ASTÉRACÉES

ÉCHINACÉE

Native des grandes plaines d'Amérique du Nord, l'Échinacée est utilisée par les Amérindiens depuis le XVIe siècle. C'est un puissant antiviral et antibactérien, c'est la plante du système immunitaire et des maladies infectieuses de l'hiver ! Son nom vient de *echinus*, hérisson en grec, qui rappelle l'aspect de son capitule lorsqu'il est en graines.

POUR LES INTIMES

Indien head, Rudbeckie rouge, Rudbeckie d'Amérique

ELLE RESSEMBLE À QUOI ?

L'Échinacée est une plante vivace et robuste. Elle ressemble à une sorte de grande marguerite à gros cœur pouvant atteindre 1,80 m de hauteur. Elle a une tige simple, des feuilles vert foncé, entières, de forme lancéolée. Les fleurs centrales ont une forme de tube jaune, orange ou rouge foncé alors que celles de la périphérie sont en forme de languette tombante (faux pétale) violette, rose ou presque blanche pour sa cousine *Echinacea pallida*. Son système racinaire est très développé et se compose d'une ou de plusieurs grosses racines dites « pivotantes ».

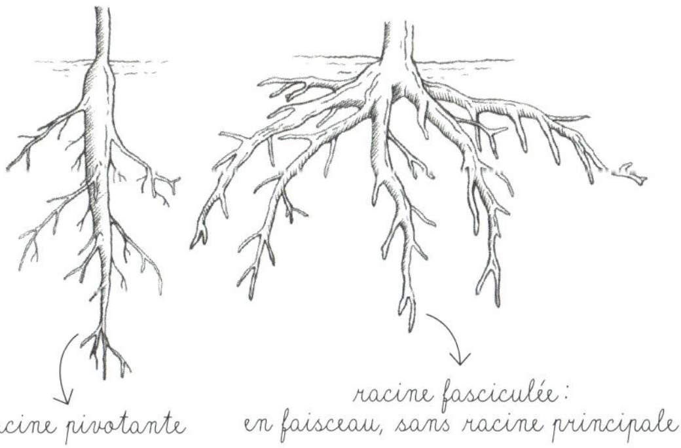

ELLE VIT OÙ ?

C'est une plante du Far West, elle est originaire de la partie centrale et orientale de l'Amérique du Nord, où on la rencontre dans la Grande Prairie. En Europe, elle est cultivée dans des sols riches et pas trop secs en été, du type de ses prairies d'origine.

ON UTILISE QUELLES PARTIES ?

Les parties aériennes (donc capitule, tige et feuilles) mais surtout la racine.

SES COMPOSANTS

On y trouve des glycoprotéines (qui augmentent le nombre d'immunoglobulines), des acides gras, des stérols et de la vitamine C mais aussi des composés phénoliques comme l'échinacoside qui a une fonction antivirale et l'échinacéine qui augmente le nombre des macrophages (globules blancs dévoreurs de virus), des alcaloïdes et de l'huile essentielle.

ÇA SERT À QUOI ?

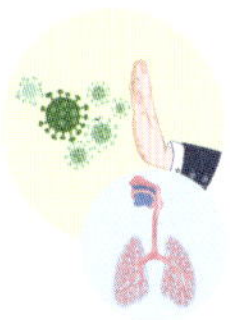

L'Échinacée est la star du système immunitaire : immunostimulante, antibactérienne, antivirale, cicatrisante, anti-inflammatoire et anti-allergique, on peut difficilement faire plus comme booster d'immunité. On l'utilisera autant en prévention qu'en traitement des infections (herpès, grippe, mycoses) et des maladies hivernales touchant la sphère ORL comme les rhumes, bronchites, sinusites, otites, angines...

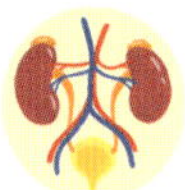

Puissant anti-infectieux, l'Échinacée pourra être une solution pour les cystites à répétition mais aussi les prostatites (inflammation de la prostate provoquée par une infection).

Cicatrisante et anti-inflammatoire, elle permet de préserver l'acide hyaluronique, molécule fondamentale du tissu conjonctif, sorte de tissu de connexion et de soutien présents entre tous les organes, muscles, tissus du corps.
Elle va aussi aider à la cicatrisation des plaies, des dermites, de l'eczéma et du psoriasis.

ÇA S'UTILISE COMMENT ?

en TEINTURE MÈRE (teinture hydro-alcoolique)

- 20 à 30 gouttes dans un verre d'eau
- 3 fois par jour

Cure de 7 à 10 jours.

La plus efficace est celle réalisée avec des racines fraîches, celle avec des racines sèches reste un bon second choix.

en DÉCOCTION

- 1 c. à café de morceaux de racines, tiges et fleurs séchées
- 250 ml d'eau

Faites bouillir pendant 10 min et filtrez.
Buvez 3 tasses par jour

en GÉLULES

- 1 gélule matin et soir

L'Échinacée stimule la production d'interféron, une protéine qui se développe lorsqu'une cellule est attaquée et qui protège les cellules voisines limitant la propagation du virus. Elle augmente aussi la libération des corticostéroïdes qui ont un pouvoir anti-inflammatoire. Enfin, elle active la phagocytose : imaginez des cellules « PacMan » qui avaleraient les micro-organismes à supprimer.

L'Èchinacée stimule la production d'anticorps, elle est contre-indiquée chez les personnes souffrant de maladies auto-immunes, les porteurs de greffes ou d'implants. Elle ne doit pas être utilisée en même temps que des stéroïdes ou des immunodépresseurs. À éviter chez les enfants de moins de 1 an. Attention aussi aux allergies à la famille des Astéracées.

Fucus vesiculosus

FUCACÉES

FUCUS

Il suffit d'avoir fait une balade sur une plage bretonne pour l'avoir rencontré, ou à défaut d'avoir fait un tour chez le poissonnier qui l'utilise souvent comme décor et gage de fraîcheur pour ses huîtres et autres coquilles St-Jacques. Peut-être avez-vous déjà essayé d'éclater ses flotteurs, alangui sur votre serviette de plage. Vous aviez entre les mains, une vraie pépite.

POUR LES INTIMES

Varech, Goémon noir, Fucus vésiculeux

IL RESSEMBLE À QUOI ?

Le Fucus fait partie des algues brunes. Il a une fronde souple et élastique qui se ramifie en rubans de 20 à 100 cm de long. On le reconnaît à ses petits flotteurs. Ce sont des vésicules gazeuses utiles pour se redresser et capter la lumière lorsque l'eau monte.
L'algue est de couleur brun-olive foncé, mais les vésicules sont plus claires. Lorsqu'elles sont jaunâtres et plus rugueuses, ces vésicules contiennent les cellules reproductrices. L'algue s'accroche à son support grâce à son crampon qui se prolonge par un stipe, sorte de tige de l'algue qui a une section ronde.

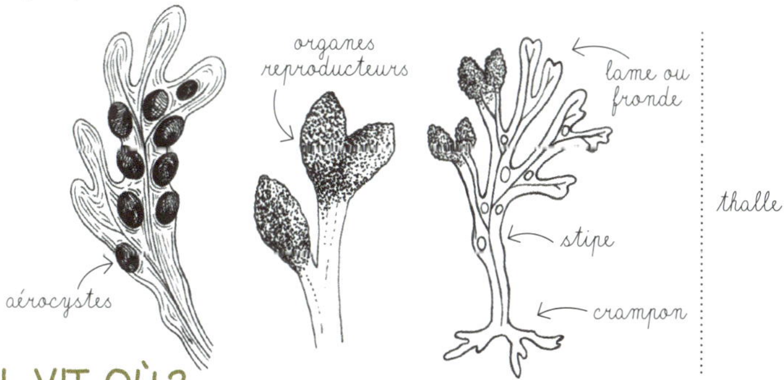

IL VIT OÙ ?

C'est une algue des mers froides, on peut la récolter sur les côtes de la Manche et de l'Atlantique. Attention, si vous souhaitez le récolter, à ne choisir que les algues encore accrochées à leur support avec leur petit crampon et jamais les algues flottantes, pas forcément super fraîches !

ON UTILISE QUELLES PARTIES ?

En herboristerie, on utilise toute l'algue sous forme séchée ou en cataplasme. En cuisine, on utilise plutôt les petites pointes des jeunes pousses, mais ce n'est pas la plus fine des algues culinaires !

SES COMPOSANTS

À l'état frais, il est composé à 80 % d'eau. Les thalles séchés sont une bombe de nutriments ! On y trouve déjà pas mal de glucides dont des fibres et des carraghénanes et de l'acide alginique, mais aussi tous les acides aminés essentiels, des minéraux dont l'iode, des oligo-éléments, des vitamines, des polyphénols, des caroténoïdes, des stérols et des pigments antioxydants dont la chlorophylle.

ÇA SERT À QUOI ?

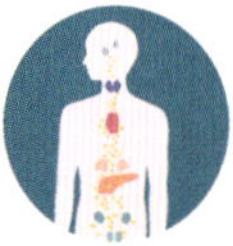

Grâce à sa teneur en iode, le Fucus stimule la production d'hormones thyroïdiennes. Il sera utile aux personnes souffrant de fatigue chronique ou en période de convalescence. Il est intéressant dans les problématiques liées à la ménopause et à la régulation du cycle féminin.

Il a une action laxative douce grâce à ses fibres et ses carraghénanes. Il favorise l'élimination des graisses et pourra être utilisé en complément en cas de surpoids, de rétention d'eau ou de cellulite.

Super aliment grâce à ses nombreux minéraux et vitamines et à ses acides aminés directement assimilables par le corps, le Fucus agit sur l'état général en cas de déminéralisation et de fatigue, un aliment intéressant pour booster le système immunitaire.

Ses actions reminéralisantes et antioxydantes en font un allié intéressant dans la prévention du vieillissement et notamment pour la perte en densité des os et de l'arthrose.

ÇA S'UTILISE COMMENT ?

en POUDRE (sous forme de gélules)

- 1 gélule 15 min avant les repas
  Dose journalière recommandée : entre 0,8 et 2 g

en TEINTURE MÈRE

- Commencez par 10 gouttes par jour le matin
- Selon avis médical : passez à 2 fois 20 gouttes par jour, matin et midi.

→ Reminéralisant & détoxifiant

en BAIN

- Mettez 300 g de Fucus sec dans 3 litres d'eau froide. Chauffez et laissez bouillir à couvert pendant 10 min. Filtrez et versez le liquide obtenu dans la baignoire d'eau tiède (37 °C). Durée du bain : 15 à 20 min.

⚠ *Le Fucus vesiculosus ne peut pas être donné aux enfants, aux femmes enceintes et allaitantes, ni aux allergiques à l'iode. Son utilisation se fait sous surveillance médicale et il est contre-indiqué dans l'hyperthyroïdie.*

Ginkgo biloba

GINKGOACÉES

GINKGO

Le Ginkgo est un résistant. Il serait l'espèce d'arbre la plus ancienne encore vivante à ce jour. Il existe depuis plus de 200 millions d'années et peut vivre 4000 ans. Il est le seul représentant de sa famille des Ginkgoacées. Il résiste brillamment aux agressions et aux polluants et serait le seul végétal à avoir repoussé le printemps suivant le largage de la bombe atomique à Hiroshima.

POUR LES INTIMES

Abricot d'or, Arbre aux mille écus, Noyer du Japon, Arbre de vie, Arbre aux cheveux de Vénus

IL RESSEMBLE À QUOI ?

C'est un arbre de 15 à 30 m de hauteur. Ses feuilles ont une forme caractéristique et ressemblent à de petits éventails fendus en deux lobes. Elles sont d'un vert tendre au printemps et prennent une belle teinte jaune doré à l'automne, c'est ce qui lui a donné son surnom « d'arbre aux mille écus ». Le Ginkgo a une écorce brune à gris pâle, plutôt lisse. Les ovules du Ginkgo ressemblent à de petites mirabelles jaunes enfermant une amande qui s'utilise dans la cuisine traditionnelle asiatique.

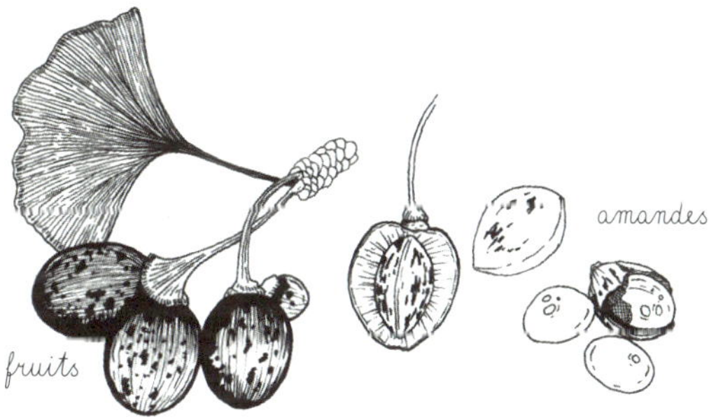

IL VIT OÙ ?

Il est originaire du Sud de la Chine mais on le trouve aujourd'hui dans le monde entier comme arbre d'ornement dans les parcs et jardins. Il aime les contrastes et peut résister à des températures de -20 °C comme se plaire en zone semie-tropicale.

ON UTILISE QUELLES PARTIES ?

Les feuilles généralement vertes mais certains les utilisent jaunes. Elles ont alors des propriétés différentes. Le fruit et sa pulpe sont aussi utilisés en Asie.

SES COMPOSANTS

Il contient des lactones sesquiterpéniques (bilobalide et ginkgolide) et des polyphénols comme des flavonoïdes et des proanthocyanidines (prodelphinidols), de puissants anti-radicaux libres.

ÇA SERT À QUOI ?

Cet arbre a fait l'objet de nombreuses recherches qui ont notamment prouvé ses propriétés antioxydantes. Le Ginkgo agit sur le système nerveux en augmentant l'irrigation sanguine cérébrale et en protégeant les cellules du cerveau contre les radicaux libres. Il peut ainsi être un allié intéressant sur les problématiques liées à la mémoire et à la concentration. S'il ne semble pas avoir d'effet préventif sur la maladie d'Alzheimer, il en améliorerait les symptômes et pourrait renforcer les effets des traitements classiques. Il est indiqué en cas de vertiges, d'acouphènes, de maux de tête ou de pertes d'équilibre. C'est aussi un régulateur des humeurs dépressives chez les personnes âgées.

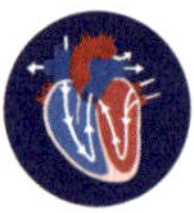

Le Ginkgo améliore la circulation veineuse et protège le système vasculaire et cardiaque. C'est un tonique veineux, un vasodilatateur ainsi qu'un anti-agrégant plaquettaire. Il peut être utilisé dans la prévention des thromboses, dans le traitement des varices, des hémorroïdes, des jambes lourdes ou de la maladie de Raynaud.

ÇA S'UTILISE COMMENT ?

en TISANE (légère décoction puis infusion)

- 1 c. à soupe de feuilles de Ginkgo séchées
- 250 ml d'eau

  Faites frémir 4 à 5 min, laissez reposer 10 min et filtrez.
  Buvez 3 à 4 tasses par jour.
  Faites une cure de 3 mois avec une pause.
  d'1 semaine toutes les 3 semaines.

en TEINTURE MÈRE

- 30 à 40 gouttes dans un verre d'eau
  3 fois par jour.

en EXTRAIT SEC (gélules)

- 2500 mg par jour.

Le Ginkgo biloba fluidifie le sang, il est donc à éviter chez les personnes qui prennent des anticoagulants ou qui doivent subir une opération chirurgicale mais aussi chez celles sous benzodiazépines, anti-agrégants plaquettaires et anti-inflammatoires non stéroïdiens.

Urtica dioica

URTICACÉES

GRANDE ORTIE

Elle n'est pas très appréciée, cette pauvre Ortie, souvent jugée comme une mauvaise herbe... C'est vrai que ce n'est pas la plus jolie. Bien sûr, c'est entre elle et nous, la guerre du feu, mais c'est aussi, pour beaucoup d'herboristes, la reine des plantes médicinales et alimentaires. L'Ortie nous pique autant qu'elle nous soigne !

POUR LES INTIMES

Ortie méchante, Ortie piquante, Ortie commune

ELLE RESSEMBLE À QUOI ?

Il existe beaucoup de « fausses orties » dont les feuilles ressemblent à celles des Orties vraies. Les Grandes orties sont des plantes vivaces. Elles ont des feuilles dentées en scie, très aiguës, d'une couleur vert sombre et opposées par 2, de toutes petites fleurs verdâtres en grappes, sans pétale et à 4 sépales et des racines rampantes qui se développent en tous sens.

Urtica vient du latin *Urere*, qui veut dire « brûler ». L'ortie pique car elle est recouverte de poils qui sont en fait de minuscules et très fragiles ampoules renfermant de l'acide formique (le même que dans le dard des abeilles et chez les fourmis, d'où son nom!)

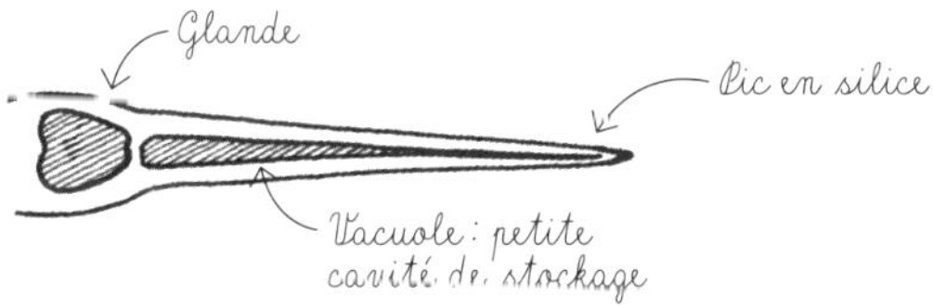

ELLE VIT OÙ ?

C'est une plante très envahissante qui a colonisé presque toute la Terre! On la trouve un peu partout, sur les chemins, les environs de villages, les friches, les jardins, sur des sols humides et riches en azote...

ON UTILISE QUELLES PARTIES ?

Surtout les feuilles tendres de printemps ou la racine récoltée en automne.

La Grande ortie est « dioïque » ce qui veut dire « 2 maisons ». Cela signifie qu'un pied porte uniquement des fleurs mâles et un autre uniquement des fleurs femelles.

SES COMPOSANTS

Il y en a plus de 200 ! L'Ortie est un super aliment, elle est riche en minéraux (fer, calcium, potassium, silice), vitamines, acides aminés essentiels (protéines), chlorophylle, flavonoïdes, acides phénols et tanins.

ÇA SERT À QUOI ?

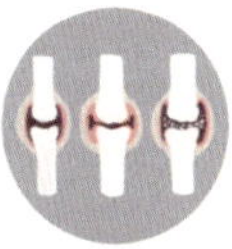

L'Ortie est très reminéralisante et va permettre à la fibre osseuse et cartilagineuse de se régénérer. Grâce à sa richesse en silice, elle va stimuler la production de collagène. C'est une plante indiquée dans les cas d'ostéoporose, de rhumatismes, d'arthrose, de déminéralisation.

L'Ortie est super riche en fer mais aussi en vitamine C qui permet de mieux l'assimiler. Elle agit donc comme anti-anémique et soutiendra les fatigués chroniques et les femmes carencées à cause de règles trop abondantes.

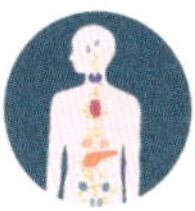

De nombreuses études ont démontré que la racine d'Ortie freine l'augmentation du volume de la prostate. Sa racine bloque la conversion de la testostérone en œstrogène et en DHT, une substance qui stimule l'hyperplasie bénigne de la prostate (adénome).

L'Ortie stimule les fonctions digestives, c'est un draineur hépatique et pancréatique. Elle répare la muqueuse digestive et rééquilibre la flore intestinale. Et en plus, elle apporte plein de nutriments qui seront mieux assimilés par un système digestif en bonne santé. La totale !

On la retrouve souvent dans les remèdes contre les dermatoses et les soins des cheveux car elle cicatrise les lésions de la peau et du cuir chevelu.

ÇA S'UTILISE COMMENT ?

en INFUSION

Pour une tasse :

- 1 c. à soupe de feuilles
- 250 ml d'eau bouillante

Versez, couvrez, infusez 10 min.
Buvez 2 à 4 tasses par jour.
Cure de 7 jours à 3 semaines.

en DÉCOCTION

- 4 c. à café de racines séchées
- 1 litre d'eau

Faites bouillir 2 min, couvrez, infusez 10 min, filtrez.
Buvez au long de la journée.

en CUISINE

Les feuilles séchées réduites en poudre peuvent être saupoudrées sur les salades, les légumes. On peut aussi la cuisiner comme un épinard, en soupe, en gratin ou en pesto !

En lotion capillaire, en gélules, en teinture mère, en cataplasme, l'Ortie se décline sous de nombreuses formes...

On évite les feuilles d'Orties chez les personnes sous fluidifiants sanguins (elles contiennent de la vitamine K qui a une action coagulante), sous lithium ou les personnes souffrant d'insuffisance rénale. Les racines sont contre-indiquées chez la femme enceinte.

Helichrysum italicum

ASTÉRACÉES

HÉLICHRYSE ITALIENNE

L'Hélichryse, c'est madame plaies et bosses, autant celles du corps que de l'âme. Son nom vient du grec *helios*, qui signifie soleil, et de *chrysos*, doré. On comprend facilement la référence en voyant ses fleurs jaune or.

Son appellation d'« Immortelle » serait due à la longévité exceptionnelle de ses fleurs qui ne fanent jamais, même dans les bouquets secs.

Son parfum chaud et envoûtant rappelle celui du curry. Ses feuilles peuvent d'ailleurs être utilisées en cuisine pour parfumer les plats.

POUR LES INTIMES

Immortelle, Éternelle, Herbe à curry

ELLE RESSEMBLE À QUOI ?

Ses feuilles vert argenté tirant sur le bleu sont caractéristiques. Elles sont disposées sur une tige couverte d'un léger duvet et ont une forme d'aiguille molle. Ce sont surtout ses petites fleurs jaunes qui en font la particularité. Elles sont regroupées en ombelles de capitules, elles-mêmes agencées en corymbes.

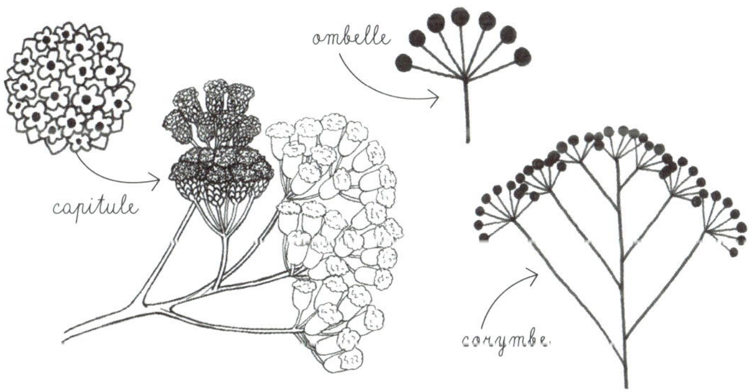

ELLE VIT OÙ ?

C'est une plante typique du pourtour méditerranéen. Elle apprécie les sols arides et ensoleillés de la Corse. Sa cousine l'Immortelle des dunes est moins aromatique mais vous la trouverez sans doute plus facilement si vous n'avez pas la chance de vivre sur l'île de beauté.

ON UTILISE QUELLES PARTIES ?

En herboristerie, on utilise ses capitules avec lesquels on peut faire des macérations huileuses et qui sont aussi la matière première de la précieuse (et coûteuse !) huile essentielle d'Hélichryse.

SES COMPOSANTS

Des huiles essentielles de composition différente selon son origine. On trouve dedans du nérol, de l'acétate de néryle, des cétones, de l'alpha pinène, du limonène, du curcumène. Elle contient aussi des flavones et du phloroglucinol.

ÇA SERT À QUOI ?

Ce qui l'a rendue célèbre, c'est sa capacité à résorber les hématomes qui serait encore plus efficace que celle de l'Arnica. Elle a des propriétés anti-inflammatoires, anticoagulantes et antalgiques. On peut l'appliquer en massage sur les contusions musculaires des sportifs mais aussi sur les rhumatismes et les douleurs dues à une polyarthrite.

Sur les plaies ouvertes, l'Hélichryse a des propriétés antibactériennes, antivirales et antifongiques. On l'utilisera alors en infusion concentrée. Elle a aussi des propriétés réparatrices et antioxydantes et est probablement l'une des plantes les plus actives pour protéger notre peau contre le vieillissement prématuré (elle préserve le collagène et l'élastane). On peut alors l'utiliser sous forme de macérât huileux.

L'huile essentielle d'Hélichryse a démontré une importante activité antibactérienne notamment sur le staphylocoque doré et les streptocoques mais aussi une activité antivirale sur l'herpès. Elle est aussi antifongique et agit sur les candidoses.

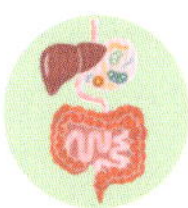

En usage interne, elle est antispasmodique et soulage crampes, ballonnements et flatulences tout en détruisant les levures et bactéries responsables des fermentations. Elle aide aussi à la digestion des repas trop gras.

ÇA S'UTILISE COMMENT ?

en HUILE ESSENTIELLE DILUÉE

- Diluez votre huile essentielle dans une huile végétale à max 20 %, donc par exemple, pour 10 ml d'huile végétale (olive, abricot, pépins de raisin), c'est maximum 2 ml d'HE (env. 60 gouttes). Gardez-la en petits flacons et utilisez-la en massage.

Attention, les compte-gouttes ne sont pas toujours les mêmes !

en HYDROLAT

- En spray sur les bleus et les bosses.

Plus doux et plus sûr que l'huile essentielle pour un usage chez l'enfant.

en MACÉRÂT HUILEUX

- Remplissez un bocal en verre teinté de fleurs fraîches.
- Recouvrez d'huile d'olive et fermez le bocal avec une compresse et un élastique.
  Mettez le bocal pendant au moins un mois au soleil, devant une fenêtre bien exposée par exemple. Filtrez.
  À utiliser en massage sur les points douloureux.

en INFUSION

Pour une tasse :

- 1 c. à café de fleurs séchées
- 250 ml d'eau portée à frémissement
  Laissez infuser 10 min sous couvert.
  Prenez 3 tasses par jour, dont une le soir.

Usage déconseillé chez la femme enceinte ou allaitante, l'enfant de moins de 7 ans et les personnes épileptiques. Sa consommation à forte dose peut être neurotoxique en raison de la présence de cétones. L'Hélichryse étant anticoagulante, elle est à éviter chez les personnes hémophiles ou celles sous traitement anti-coagulant.

LAVANDE OFFICINALE

Beaucoup d'armoires cachent aux creux des piles de linge, ces petits paquets odorants qui éloignent insectes et parasites.

C'est par excellence la fleur de Provence dont elle parfume et colore les champs d'un beau bleu violacé.

Son nom *Lavandula* vient du latin *Lavare* « laver ». La plante servait à aromatiser les bains romains et entrait dans la composition des eaux de toilettes et des lessives.

POUR LES INTIMES

Lavande fine, Lavande vraie, Lavande femelle, Nard d'Italie, Espidet, Garde-robe, Lavande des Alpes.

ELLE RESSEMBLE À QUOI ?

Il y a 3 types de lavandes dans les collines méditerranéennes. La Lavande stoechas, qui porte des feuilles sur l'ensemble de sa tige et une sorte de grande houpette violette au sommet de son épi. La Lavande aspic, qu'on distingue grâce à ses feuilles plus larges, en forme de spatules blanchâtres et à ses rameaux secondaires. La Lavande angustifolia, qui a des feuilles plus étroites, une tige simple et une bractée brune à la base des verticilles de fleurs qui composent son épi.

Pour ce qui est des lavandins, il s'agit d'hybrides de lavandes officinale et aspic, fréquents à l'état sauvage, qui donnent de grandes quantités d'huile essentielle mais moins fine que celle de la Lavande officinale.

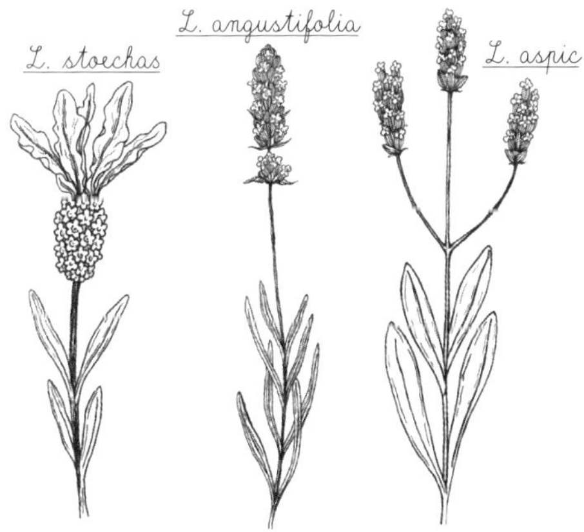

ELLE VIT OÙ ?

Elle est abondante dans les pentes rocailleuses et calcaires du Midi, là où le sol est aride et bien exposé. Il existe comme pour la vigne, des « crus » de lavande qui dépendront de l'altitude, du sol, des techniques de culture. Ces variations de biotope vont engendrer des compositions chimiques différentes, c'est ce qu'on appelle le chémotype de la plante.

ON UTILISE QUELLES PARTIES ?

Les épis floraux coupés en pleine floraison, le matin, par beau temps.

SES COMPOSANTS

Des flavonoïdes, des tanins, des coumarines, de l'acide rosmarinique et ursolique, des triterpènes et des phytostérols et surtout sa célèbre huile essentielle dont la composition varie considérablement selon le terroir et l'exposition. On y trouve principalement du linalol, du géraniol, de l'acétate de linalyle et du 1,8 cinéole.

ÇA SERT À QUOI ?

Calmante et relaxante, la Lavande est un anxiolytique végétal qui agit sur la nervosité, l'agitation, le stress et les troubles du sommeil notamment de l'enfant. Elle n'est pas simplement là pour nous endormir, elle calme le stress, certes mais c'est aussi une tonique cérébrale qui va stimuler nos capacités cognitives.

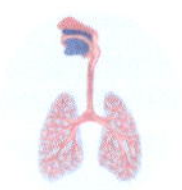

La synergie de ses actions anti-microbienne et anti-inflammatoire et de sa capacité à fluidifier les sécrétions bronchiques en font un allié contre les troubles ORL de type sinusite, laryngite ou rhume.

La Lavande est digestive et antispasmodique, elle calme les crampes d'estomac et les douleurs liées au syndrome du côlon irritable. Elle est cholagogue et cholérétique (action sur les sécrétions du foie), mais aussi carminative (bye bye les ballonnements).

En usage externe, on pourra l'utiliser pour ses propriétés antiseptiques, anti-prurigineuse et cicatrisante sur l'acné, l'eczéma, le psoriasis, les brûlures ou pour calmer les réactions liées aux piqûres d'insectes. La macération huileuse de Lavande est aussi utile en massage contre les contractures musculaires et les douleurs rhumatismales.

ÇA S'UTILISE COMMENT ?

en INFUSION

→ Nervosité/ Sommeil

Pour une tasse :

- 1 c. à café de fleurs séchées
- 250 ml d'eau portée à frémissement

Laissez infuser 10 min sous couvert.
Prenez 3 tasses par jour dont une le soir.

en MACÉRÂT HUILEUX

→ En massage des muscles, en compresses sur les brûlures et l'eczéma sec ou sur la poitrine contre la bronchite et l'asthme

Mettez dans un bocal en verre teinté :

- 100 g de lavande
- 1 litre d'huile d'olive

Laissez macérer pendant 3 jours au soleil.
Filtrez à travers une compresse de gaze en pressant bien.
Recommencez la même opération avec de nouvelles fleurs 3 fois.
Oui, c'est un peu fastidieux mais vous obtiendrez une huile bourrée de principes actifs !
Filtrez une dernière fois, fermez le bocal et conservez-le à l'abri de la lumière.

en HUILE ESSENTIELLE

C'est plus facile à préparer !
Mais, attention à bien la diluer entre 3 et 10 % maximum :

- 1 ml d'huile essentielle = 10 ml d'huile végétale

→ Sinon, en hydrolat en vaporisation sur la peau ou dans une chambre, c'est plus doux et plus sûr pour les enfants

Pas d'HE les trois premiers mois de la grossesse et respecter les dosages chez les enfants. À éviter avec les anticoagulants et les anti-dépresseurs.

Malva sylvestris ou rotundifolia MALVACÉES

MAUVES

Sauvageonne de velours,
on disait à l'Antiquité qu'elle
modérait les passions et libérait
l'esprit autant que le ventre.

POUR LES INTIMES

Sylvestris : Mauve sylvestre, Mauve sauvage, Grande mauve
Rotundifolia : Petite mauve, Mauve des chemins, Fromageon

ELLE RESSEMBLE À QUOI ?

Les Mauves se ressemblent étroitement autant pour leurs caractères que pour leurs propriétés. Ce sont des plantes bisannuelles de taille assez variable (entre 30 cm et 1 m) avec des tiges ramifiées qui portent des fleurs larges de 3-4 cm à 5 pétales. Les fleurs sont d'un rose violacé veiné d'un violet profond et portent de nombreuses étamines.
Les feuilles ont une forme globalement ronde avec des lobes plus ou moins profonds. La racine est une racine pivotante blanchâtre et tenace !

Malva rotundifolia

Malva sylvestris

ELLE VIT OÙ ?

Elle aime les terrains vagues, les bords de chemins, les décombres et les places de villages. On la trouve aussi dans les cultures, les haies et les coupes de bois.

ON UTILISE QUELLES PARTIES ?

Surtout ses racines et ses fleurs mais aussi ses jeunes feuilles toutes douces qui annoncent déjà leur effet sur notre corps.

SES COMPOSANTS

Elle renferme beaucoup de mucilages. On les sent d'ailleurs facilement en mangeant une feuille ou une fleur de Mauve, car ils forment un gel dans la bouche. La plante contient aussi des anthocyanosides, des flavonoïdes, un peu de tanins et des sels minéraux. Les jeunes pousses contiennent les vitamines A, B1, B2 et C.

ÇA SERT À QUOI ?

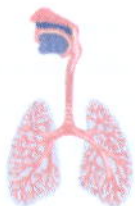

La Mauve, c'est tout dans la douceur. Émolliente et pectorale, elle calme les toux sèches et d'irritation en cas de bronchite ou d'asthme. Grâce à ses propriétés anti-inflammatoires, la Mauve apaise aussi les inflammations de la gorge et les trachéites.

Le gel formé par ses mucilages est apaisant sur les irritations de toutes les muqueuses du système digestif depuis la bouche, jusqu'aux intestins en passant par l'estomac. En adoucissant l'inflammation, elle calme les diarrhées. Oui, mais ce qui est remarquable, c'est qu'elle a aussi un caractère laxatif doux. Les mucilages ont pour effet d'augmenter le péristaltisme et d'amener de l'humidité dans le tube digestif. La Mauve est donc tout indiquée pour la constipation des enfants et même des bébés (infusion de quelques fleurs dans l'eau du biberon).

En usage externe, les propriétés adoucissantes de la Mauve calment les irritations cutanées, les démangeaisons, les abcès, les boutons de varicelle, les piqûres d'insecte, les gerçures et les crevasses.

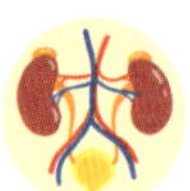

L'association de ses propriétés diurétiques et émollientes est intéressante dans les affections du système urinaire et génital comme les cystites et les vaginites.

ÇA S'UTILISE COMMENT ?

en INFUSION

- Seule ou en mélange des 7 fleurs
- 25 g de fleurs et/ou de feuilles
- 1 litre d'eau frémissante

Infusez 5-7 min.
Boire 2 à 3 tasses par jour.

Pour un enfant, divisez les doses par 2.

En interne, on utilise cette tisane contre la toux. En externe, refroidie sur des compresses, elle calme les irritations de la peau et des yeux. On peut aussi l'utiliser en gargarisme pour les aphtes et les maux de gorge.

en SALADE

Les jeunes feuilles mélangées à celles du Pissenlit et de la Chicorée peuvent se consommer en salade. On peut aussi décorer un dessert de quelques fleurs.

L'effet sur les constipations est plus accentué qu'avec l'infusion.

La Mauve entre dans la composition de la tisane des 7 fleurs avec le Coquelicot, le Tussilage, la Guimauve, le Bouillon-blanc, la Violette et le Pied-de-chat, ses copines du gang des douceurs.

Les mucilages de la Mauve peuvent interférer avec d'autres traitements. Il vaut mieux éviter la consommation de Mauve en même temps que l'alcool, des tanins et des sel de fer qui précipitent les mélanges. Laisser un délai d'1 heure minimum entre la prise de Mauve et un autre traitement.

Melissa officinalis

LAMIACÉES

MÉLISSE

Cultivée depuis la plus haute Antiquité pour ses propriétés mellifères, la Mélisse tire son nom grec *Melissa* de l'abeille. Elle est devenue populaire au XVIIe siècle grâce aux Carmes, ordre religieux à l'origine du célèbre remède de l'Eau de Mélisse. Elle entre aussi dans la composition de la Bénédictine et d'autres liqueurs célèbres.

POUR LES INTIMES

Citronnelle, Citronnade, Herbe au citron, Piment des abeilles, des mouches ou des ruches, Céline, Thé de France, Poncirade

ELLE RESSEMBLE À QUOI ?

La Mélisse s'annonce par son parfum très aromatique de citron sucré. C'est une plante haute de 30 à 90 cm, qui pousse en grosses touffes dressées, rameuses et très feuillées. En bonne représentante de la famille des Lamiacées, elle porte une tige à 4 angles et des feuilles opposées 2 à 2. Celles-ci sont d'un beau vert clair, elles ont un limbe ovale, denté et souvent bosselé. Ses petites fleurs blanches ou rosées en forme de lèvres sont disposées en verticilles à l'aisselle des feuilles supérieures.

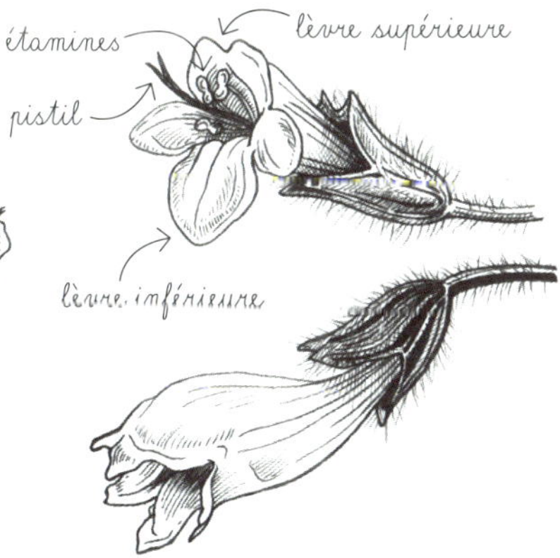

ELLE VIT OÙ ?

Elle apprécie les alentours de lieux habités où on la trouve souvent au voisinage de l'ortie. Elle aime les bords de chemins, les haies, les vignes et les décombres et est souvent cultivée dans les jardins.

ON UTILISE QUELLES PARTIES ?

Sa feuille.

SES COMPOSANTS

Des mucilages, des minéraux, des acides phénols (rosmarinique, chlorogénique et caféique), des flavonoïdes, des tanins et les vitamines B1 et B2. Malgré le fait que la plante n'en possède pas de grosses quantités, ses huiles essentielles ont beaucoup été étudiées. Elles contiennent du citral, du menthone, du citronellal, du linalol et du géranial.

ÇA SERT À QUOI ?

La Mélisse est depuis longtemps utilisée comme plante digestive. Elle permet de calmer les spasmes de l'estomac et stimule les sécrétions biliaires qui favorisent le travail du foie. Elle a aussi un effet décontractant digestif intéressant en cas de constipation nerveuse, chez l'adulte et l'enfant.

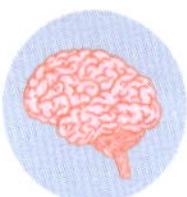

Sur le système nerveux, elle a un effet sédatif comparable à celui des benzodiazépines. Elle est relaxante et indiquée en cas de nervosité, d'insomnies et de maux de tête liés à l'hypernervosité. Elle stimule aussi la mémoire en agissant sur les neurones de la zone cérébrale de l'hippocampe.

La Mélisse a des propriétés antivirales et anti-infectieuses bactériennes qui la rendent intéressante sur les problématiques liées au système immunitaire comme l'herpès ou les maladies virales en général.

Elle calme les douleurs surtout quand elles proviennent de spasmes donc elle peut être utile sur les douleurs de règles. Elle favorise aussi leur déclenchement et pourra être utilisée en cas de dysménorrhée.

ÇA S'UTILISE COMMENT ?

en INFUSION

Pour une tasse:

- 1 c. à soupe de feuilles séchées
- 250 ml d'eau bouillante

Laissez infuser 10 min sous couvert.
Prenez 1 à 3 tasses par jour, notamment après le repas du soir et jusqu'à 6 tasses par jour pendant les 3 premiers jours de règles.

en EAU DE MÉLISSE

Ça marche aussi avec des feuilles de Menthe

Si vous avez envie de vous lancer dans la préparation de la fameuse eau de Mélisse, mélangez:

- 1 litre d'alcool à 40 °C (type alcool de fruits)
- 6 poignées de feuilles de Mélisse fraîches

Laissez macérer 1 mois et filtrez.
Prenez un petit verre à liqueur en fin de repas.

On peut en faire un digestif sucré: Ajoutez pour cela 15 morceaux de sucre de canne en début de macération.

en HYDROLAT

- 2 c. à soupe dans 1 litre d'eau à boire toute la journée.

Pour les enfants: 1 à 3 c. à café selon l'âge.
On peut aussi verser 10 c. à soupe dans l'eau du bain.

À éviter si vous souffrez d'hypothyroïdie. La Mélisse pourrait interagir avec les barbituriques. Il y a des cas d'allergie possible au citronellal présent dans son HE.

Mentha x piperata

LAMIACÉES

MENTHE POIVRÉE

Les Menthes sont les championnes de l'hybridation. Walafrid Strabon, moine botaniste et poète du IXᵉ siècle, disait qu'elles étaient aussi nombreuses que les poissons dans la mer Rouge ou les étincelles de l'Etna.

Un indice irréfutable pour reconnaître une menthe reste son odeur si caractéristique. Pour les reconnaître entre elles, c'est plus délicat ! Parmi les menthes sauvages, on retiendra surtout la Menthe pouliot, la Menthe aquatique, la Menthe à feuilles rondes, la Menthe sylvestre et la Menthe des champs. Les espèces cultivées sont principalement la Menthe verte (ou marocaine) et la Menthe poivrée, la menthe médicinale par excellence.

POUR LES INTIMES

Menthe anglaise, Peppermint, *M. viridis* x *M. aquatica*

ELLE RESSEMBLE À QUOI ?

C'est le résultat d'une hybridation (c'est ce qu'indique le « x » dans son nom) entre la Menthe aquatique et la Menthe verte. Comme toutes les menthes, c'est une plante à tige carrée. Ses feuilles opposées et décussées (chaque paire de feuilles est à angle droit avec la précédente) sont parfois bordées d'un brun rougeâtre. La souche émet des stolons qui permettent aux menthes stériles comme la Menthe poivrée de donner naissance à de nombreux descendants (on parle dans ce cas de reproduction végétative) et de devenir rapidement envahissantes. On reconnaît la Menthe poivrée à sa saveur piquante qui occasionne une sensation de brûlure suivie de froid quand on la mâche.

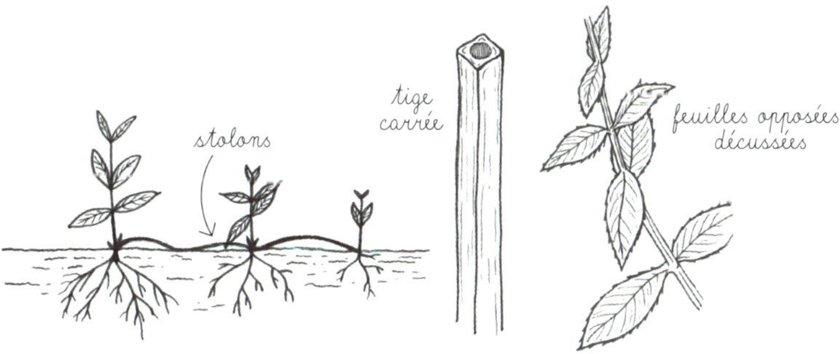

ELLE VIT OÙ ?

La Menthe poivrée est une menthe cultivée. Les menthes sauvages forment de petites populations parfumées dans les fossés, les prairies, au bord des ruisseaux et des étangs.

ON UTILISE QUELLES PARTIES ?

Ses feuilles !

SES COMPOSANTS

Elle contient des acides phénols (ursolique, caféique et rosmarinique) fortement antioxydants, des flavonoïdes et des tanins et bien sûr des substances aromatiques et volatiles que l'on retrouvera dans son huile essentielle : menthol, menthone, pulégone, bref, pas mal de choses qui lui donnent son côté si rafraîchissant.

ÇA SERT À QUOI ?

La Menthe poivrée est un excellent antispasmodique digestif, elle calme les crampes d'estomac et soulage les ballonnements grâce à son action carminative (elle réduit la fermentation et donc la production de gaz tout en facilitant leur évacuation). C'est aussi une plante intéressante pour les personnes souffrant du syndrome de l'intestin irritable, en infusion concentrée, avant et après le repas. Elle a aussi un effet dépuratif grâce à son action stimulante sur la production de bile. C'est un anti-nauséeux intéressant mais moins que le gingembre.

En cure prolongée, l'infusion de Menthe poivrée peut aider à réduire les migraines récurrentes. On préférera son HE et son action rapide pour les maux de tête occasionnels. À utiliser en massage sur les névralgies, les rhumatismes, les entorses, les contusions (toujours diluée)...

Même si ce n'est pas la plante la plus remarquable à ce sujet, elle stimule le système immunitaire. Sur les maladies hivernales, elle est utile car elle augmente la transpiration et permet de faire baisser la température du corps en cas de fièvre. L'huile essentielle est antibactérienne, antivirale, antifongique.

ÇA S'UTILISE COMMENT ?

en INFUSION

Pour une tasse :

- 1 c. à soupe de feuilles séchées
- 250 ml d'eau bouillante

Laissez infuser 10 min sous couvert.
Prenez 1 à 3 tasses par jour pendant les repas ou juste après.

en HYDROLAT

- En interne : 1 c. à soupe par jour chez l'enfant et jusqu'à 5 c. à soupe chez l'adulte pour un effet stimulant, rafraîchissant et digestif. À mélanger dans un verre d'eau.
- En externe : en spray rafraîchissant sur le corps et le visage, les jambes lourdes, les peaux irritées...

→ *ou en massage sur le plexus, la plante des pieds...*

en HUILE ESSENTIELLE

- 2 gouttes d'HE sur les tempes pour calmer un début de migraine
- ou diluée dans de l'huile végétale (10 %), en massage sur le ventre pour stimuler la digestion.

⚠ *L'huile essentielle est déconseillée chez la femme enceinte, la femme allaitante, l'enfant. Chez l'adulte, respecter la dose et l'utiliser sur un usage court. Ne pas prendre en même temps que des traitements homéopathiques.*

Hypericum perforatum HYPERICACÉES

MILLEPERTUIS

C'est l'herbe solaire! Marie-Jo Fourès, l'une des fondatrices de l'École bretonne d'Herboristerie, enseignait qu'elle apportait la chaleur du soleil aux déprimés. Elle soigne aussi les peaux brûlées par le soleil. Quoi de plus normal pour cette plante constellée de petites fleurs d'or? Elle a autrefois fait l'objet de nombreuses superstitions. On disait qu'elle éloignait les mauvais esprits qui, comme chacun sait, ont horreur des créatures solaires! C'était sans doute aussi lié à son suc rouge que certains rapprochaient du sang humain. C'est en tout cas un bel exemple de la théorie des signatures qui repose sur la croyance que l'apparence d'une plante traduit sa fonction.

POUR LES INTIMES

Millepertuis perforé, Herbe à mille trous, Herbe percée, Herbe aux piqûres, Herbe de Saint-Jean, Chasse-diable

IL RESSEMBLE À QUOI ?

Même les botanistes chevronnés se perdent parfois dans le dédale de la tribu des millepertuis, mais comme ils ont globalement les mêmes propriétés, je les réunis dans une description commune.

Le Millepertuis est une plante poussant souvent en troupe de tiges dressées, d'une soixantaine de cm maximum. Ses feuilles sont ovales, opposées 1 à 1 et sessiles (sans pédoncule). Elles ont la particularité d'être criblées d'une multitude de petits points noirs ou translucides, très visibles à la lumière. Ce sont ces poches à essence qui ont donné ce qualificatif de « perforatum »: perforée, à cette plante.

Ses fleurs contiennent un suc rouge brunâtre que l'on peut voir en froissant les fleurs entre les doigts. Elles s'épanouissent le matin et fanent le soir même.

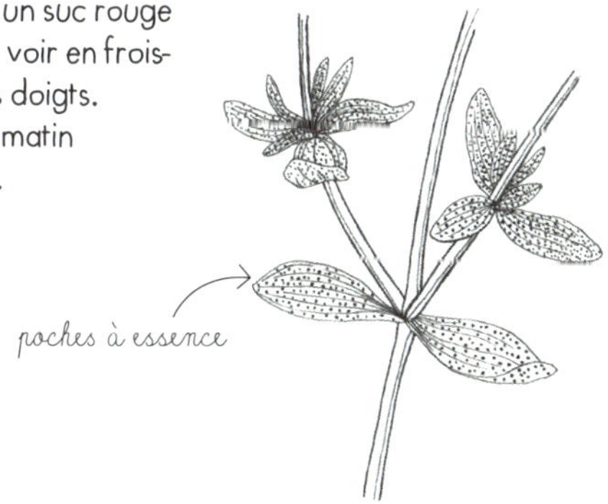

IL VIT OÙ ?

Pour le rencontrer, il suffit de se promener dans les prés secs et les champs en friche, de suivre les chemins de campagne, d'explorer les bois clairs et les clairières de la fin du printemps au milieu de l'été.

ON UTILISE QUELLES PARTIES ?

La fleur que l'on cueille traditionnellement à la Saint-Jean, le 24 juin, mais un beau jour de début d'été bien sec fera l'affaire.

SES COMPOSANTS

La plante contient de l'hyperforine qui a un effet positif sur la membrane des neurones et un colorant rouge, l'hypéricine qui inhibe la recapture de la sérotonine et de la noradrénaline. On trouve aussi des flavonoïdes, des biflavones, des caroténoïdes et des huiles essentielles (monoterpènes).

ÇA SERT À QUOI ?

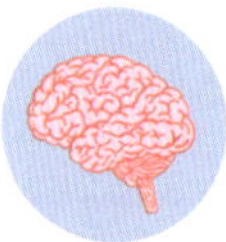

Le Millepertuis est par excellence l'antidépresseur végétal. Il agit sur le système nerveux grâce à l'hyperforine et l'hypéricine qui permettent aux neurotransmetteurs impliqués dans la régulation de l'humeur et de l'anxiété (comme la sérotonine) d'avoir une action prolongée. On pourra donc l'utiliser dans les cas de dépression légère, d'instabilité nerveuse, de troubles du sommeil ou de sautes d'humeur liées à la ménopause.

En usage externe, c'est une plante reconnue pour ses propriétés cicatrisantes, antiseptiques et anti-prurigineuses. Elle apaise les brûlures, les coups de soleil, les plaies, les crevasses et les zonas (d'autant qu'elle agit aussi sur le système nerveux, souvent binôme du système cutané).

Toujours en externe, le Millepertuis a des propriétés anti-inflammatoires et antalgiques. Il pourra être employé pour soulager les douleurs musculaires et articulaires, les lumbagos et les sciatiques, les entorses, les luxations, les coups et les hématomes.

ÇA S'UTILISE COMMENT ?

en MACÉRÂT HUILEUX

- Remplissez un bocal en verre teinté de fleurs fraîches
- Recouvrez d'huile d'olive

Fermez le bocal avec une compresse et un élastique. Mettez le bocal pendant au moins un mois au soleil, devant une fenêtre bien exposée par exemple. Filtrez. On obtient une huile d'un beau rouge, qui est calmante, cicatrisante et restructurante de la peau. Utilisez en massage sur les points douloureux.

S'il n'y a vraiment pas de soleil chez vous pendant cette période, il est possible de remplacer sa chaleur par celle d'un bain-marie doux pendant une demi-heure chaque jour.

Cela permettra que le mélange ne rancisse pas contrairement à un couvercle qui ne laisse pas passer l'humidité des fleurs.

Pour mieux la conserver, on peut la mettre en petits flacons avec quelques gouttes d'huile essentielle de Lavande vraie.

en TEINTURE MÈRE ou en TEINTURE OFFICINALE

- 30 gouttes 3 fois/jour
- 25 gouttes 3 fois/jour

en EXTRAIT FLUIDE

- 5 gouttes 3 fois/jour

Deux préparations assez similaires mais la teinture mère est préparée avec la plante fraîche et l'officinale avec la plante sèche.

Pas mal de précautions à prendre avec le Millepertuis. La 1re est qu'il est très photosensibilisant, il faudra donc vraiment éviter d'aller au soleil juste après son ingestion. La 2e est qu'il inhibe les effets de la pilule contraceptive. Enfin, il existe des contre-indications concernant son interaction avec des médicaments tels que les immunosuppresseurs, les anticoagulants (dont il diminue l'effet), les statines (anticholestérol), les anti-rétroviraux (lutte contre le VIH) et certains antidépresseurs et anxiolytiques.

Eschscholtzia californica PAPAVERACÉES

PAVOT DE CALIFORNIE

C'est la plante somnifère de ce livre. Son nom latin aussi ardu à prononcer qu'à orthographier vient de celui du naturaliste estonien Von Eschscholtz qui le découvrit lors d'un voyage autour du monde. Voisin du pavot somnifère, il a des effets plus doux et sans accoutumance, ce qui lui permet d'endormir aussi bien les adultes que les enfants.

POUR LES INTIMES

Pavot d'Amérique, Eschscholtzia de Californie

IL RESSEMBLE À QUOI ?

C'est une plante annuelle ou bisannuelle. Sa tige s'élève de 30 à 60 cm. Ses feuilles sont découpées en lanières fines de couleur vert-bleu grisâtre sans poils. Ses grandes fleurs jaune orangé ou orange vif sont solitaires, composées de 4 pétales identiques et portées par de longs pédoncules. Le fruit est une capsule cylindrique allongée que l'on appelle une silique, il s'ouvre en deux valves à maturité pour laisser s'échapper de nombreuses petites graines.

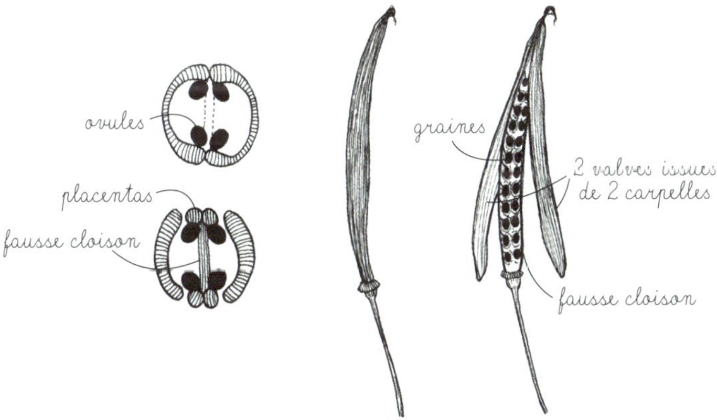

IL VIT OÙ ?

Comme son nom l'indique, il pousse à l'état sauvage en Californie, à proximité des forêts de séquoias. Il a été introduit dans nos jardins en 1790 et s'en est échappé pour coloniser de vastes étendues, dans les endroits ensoleillés et les sols secs et sableux.

ON UTILISE QUELLES PARTIES ?

Toute la plante mais certains préfèrent n'utiliser que les fleurs.

SES COMPOSANTS

Sa belle couleur jaune orangé nous donne déjà un bon indice, il contient des caroténoïdes et des flavonoïdes, mais surtout 14 alcaloïdes connus comme la californidine, la protopine ou l'eschscholtzine.

ÇA SERT À QUOI ?

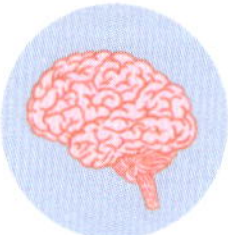

Avec autant d'alcaloïdes parmi ses principes actifs, on est assez vite mis sur la voie. Le Pavot de Californie est une plante du système nerveux. Il est connu comme une alternative douce aux benzodiazépines. Il est sédatif et agit sur les difficultés d'endormissement ou pour prolonger le sommeil. Pris à des doses plus faibles, il est anxiolytique et calme la nervosité et l'angoisse.

Il peut être utilisé chez les enfants en cas de réveils nocturnes, de cauchemars et d'énurésie (pipi au lit).
On peut aussi l'utiliser pour les troubles nerveux de l'enfant (à partir de 6 ans) car il ne présente pas d'accoutumance.

Il a un caractère anti-allergique et peut être employé en cas d'asthme et d'allergies de contact.

Son effet analgésique le rend utile en cas de migraines, de névralgies ou de maux de tête de l'enfant.

ÇA S'UTILISE COMMENT ?

en INFUSION

Pour une tasse :
- 1 c. à soupe de fleurs séchées
- 250 ml d'eau bouillante

Versez, couvrez, infusez 10 min.
Boire 1 tasse dans la journée et 1 avant le coucher.

À associer au Houblon et à la Valériane à parts égales pour les insomnies liées à la ménopause et à la Passiflore pour les insomnies de l'enfant

en TEINTURE MÈRE

- Commencez par 50 gouttes au coucher, si pas d'amélioration, 50 gouttes au dîner, voire en cas de réveil 50 gouttes la nuit.

Quantités pour un adulte de 70 kg, pour un enfant, faites une règle de 3 en fonction du poids

C'est le plus efficace car les alcaloïdes sont plus solubles dans l'alcool que dans l'eau.

en EXTRAIT FLUIDE

- 1 c. à café au coucher

en GÉLULES

- 1 à 2 gélules au coucher

Du fait de la présence d'alcaloïdes dans la plante, on déconseille le Pavot de Californie chez la femme enceinte. Il est aussi déconseillé aux personnes souffrant de glaucome car la sanguinarine, un des alcaloïdes qu'il contient, augmente la pression oculaire. Évitez la teinture mère chez l'enfant car elle contient de l'alcool.

Taraxacum officinale

ASTERACÉES

PISSENLIT

C'est l'une des plantes sauvages les plus connues. Ses fleurs fanées ont accompagné bon nombre de jeux enfantins et de rites divinatoires de jeunes filles soufflant sur ses akènes ailés pour apprendre combien d'années les séparent du mariage ou simplement pour la poésie de les voir s'envoler au vent. Son nom indique plus prosaïquement et de façon assez transparente ses puissantes propriétés diurétiques.

POUR LES INTIMES

Dent de lion, Florin d'or, Couronne de moine, Salade de taupe, Laitue de chien, Groin de porc, Chopine

IL RESSEMBLE À QUOI ?

Attention, le Pissenlit est le champion du polymorphisme ! Il en existe 30 espèces principales et 1200 sous-espèces… Réunissons les multiples individus de cette vaste et complexe famille dans le grand groupe du Pissenlit dent-de-lion. Ses principaux traits sont ses fleurs jaunes en languettes réunies en capitules, sa hampe florale sans feuille de 5 à 30 cm et ses feuilles découpées en lobes pointus et inégaux, regroupées en rosette au pied de la hampe. Ses fruits sont des akènes surmontés d'un petit parapluie de poils légers et soyeux. Lorsque l'on coupe la tige du Pissenlit, on peut voir s'écouler une sorte de lait blanc appelé latex. Enfin, sa racine, très intéressante pour les herboristes, est brun rougeâtre à l'extérieur, blanche à l'intérieur.

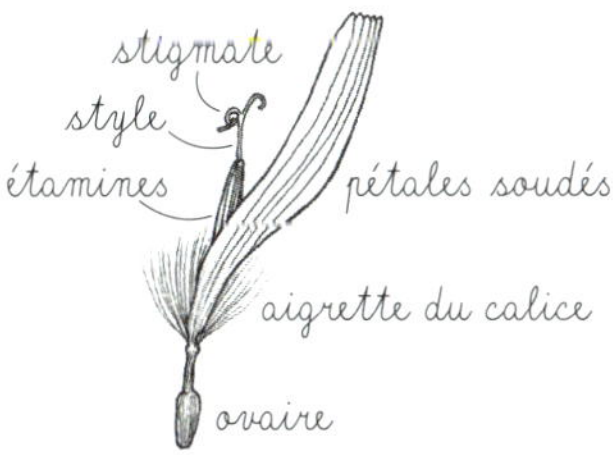

IL VIT OÙ ?

À peu près partout ! À la campagne et en ville, en bord de mer et en montagne et dans quasiment toutes les régions du globe.

ON UTILISE QUELLES PARTIES ?

Le pissenlit est généreux et toutes ses parties sont dignes d'intérêt ! Les jeunes feuilles et les boutons floraux peuvent être consommés en salade tandis que l'herboriste se concentrera sur les vertus de sa racine fraîche, récoltée au début de l'automne lorsque les nutriments de la plante sont concentrés dans sa réserve souterraine.

SES COMPOSANTS

Il contient beaucoup d'inuline surtout dans les racines d'automne, des mucilages, des oméga-3, des sels minéraux mais aussi de l'acide caféique, des flavonoïdes, des coumarines, des triterpènes, des phytostérols et des lactones sesquiterpéniques.

ÇA SERT À QUOI ?

Le Pissenlit fait partie des plantes que l'on qualifie de « toniques amers ». Il augmente les sécrétions digestives et agit particulièrement sur les foies paresseux en stimulant la production de bile puis son évacuation. Le Pissenlit est connu pour être un « nettoyeur du sang », c'est aussi un allié intéressant dans les problématiques liées au cholestérol. Il fait souvent partie des cures de détox du printemps et aide à nettoyer l'organisme !

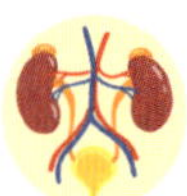

Son nom nous donne un bon indice quant à ses propriétés diurétiques. On peut l'utiliser pour soulager les troubles du système urinaire comme la tendance aux cystites, l'insuffisance rénale, les calculs rénaux, la rétention d'eau et les œdèmes.

Son caractère dépuratif et draineur du foie et des reins le rend intéressant en cas de pathologies dites d'encrassage comme les problèmes de peau (acné, eczéma, urticaire) mais aussi les troubles du système ostéo-articulaire comme les rhumatismes et la goutte.

Armés de patience (car il en faudra pour la réaliser !), essayez la délicieuse recette de la cramaillotte, confiture au 365 capitules de Pissenlit, au goût de miel.

ÇA S'UTILISE COMMENT ?

en DÉCOCTION suivie d'une infusion

- 15 g à 20 g racines séchées, coupées en petits morceaux
- 1 litre d'eau

Faites bouillir pendant 10 min, puis laissez infuser 15 min.
Filtrez. Boire 2 à 3 tasses par jour, 30 min avant les repas.

On voit parfois jusqu'à 50 g chez certains auteurs.

Si vous avez le temps, vous pouvez commencer par une macération des racines dans l'eau froide, la nuit par exemple.

C'est très amer, mais on s'y habitue !

en TEINTURE-MÈRE de feuilles ou de racines

- 50 gouttes dans de l'eau, 2 à 3 fois par jour.

en SIPF (suspension intégrale de plante fraîche)

- 1 c. à café, matin et soir.

en SALADE

Les jeunes feuilles tout juste cueillies se mangent !
On peut aussi en faire des soupes ou des pestos comme d'ailleurs avec les jeunes feuilles d'Ortie ou de Plantain.

Le Pissenlit est contre-indiqué en cas d'hypotension. Attention aussi aux interactions possibles avec certains médicaments du fait de son action sur le foie.

Equisetum arvense

PRÊLE-DES-CHAMPS

De loin, elle ressemble à une herbe somme toute assez anodine.
De plus près, elle a une allure étrange de petit squelette végétal et grêle. Elle a pourtant une place précieuse en herboristerie.
C'est en effet la plante la plus riche en silice, ce minéral qui aide nos os à se reconstituer après une fracture ou en cas de faible densité osseuse.

POUR LES INTIMES

Queue de cheval, de renard, de chat ou de rat, Petite prêle, Asprelle, Verrine, Herbe à écurer, Crin de cheval

ELLE RESSEMBLE À QUOI ?

Au début du printemps, le rhizome (tige souterraine rampante) émet des tiges rosées ou brunâtres de 5 mm d'épaisseur. C'est la version fertile de la plante, elle porte ses organes reproducteurs au niveau d'un petit épi à son sommet. Comme la fougère, la Prêle ne produit pas de fleurs mais des sporanges, petits sacs remplis d'une fine poussière : les spores. Viennent ensuite des tiges stériles, vertes, très ramifiées et mesurant entre 20 et 60 cm. Elles sont constituées de segments emboîtés les uns dans les autres à intervalles réguliers. Au niveau des nœuds, on peut observer des gaines de 6 à 12 dents. Attention à ne pas la confondre avec la Prêle-des-marais qui est toxique !

Prêle-des-champs

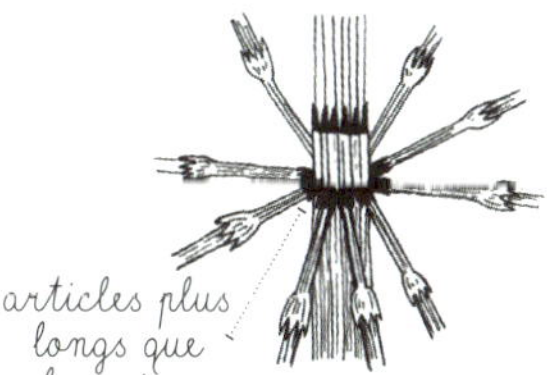

Prêle-des-marais

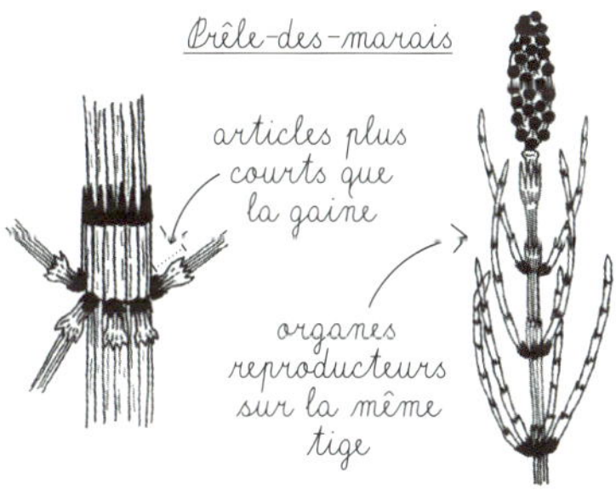

ELLE VIT OÙ ?

Assez commune, elle pousse souvent en masse dans les sols frais, humides et sablonneux (prairies, champs humides, fossés, le long des voies ferrées et bords de chemin) et même dans des eaux peu profondes.

ON UTILISE QUELLES PARTIES ?

La tige stérile (verte) en début d'été. Sèche, elle est constituée de morceaux de tiges creuses et cannelées et de rameaux.

SES COMPOSANTS

Beaucoup de minéraux et surtout de la silice organique et minérale (surtout en hiver). On trouve aussi du fer, du potassium, du calcium, du phosphore et du soufre, ainsi que des acides phénols, des flavonoïdes, des tanins, des saponosides et les vitamines C, A, B2 et PP.

ÇA SERT À QUOI ?

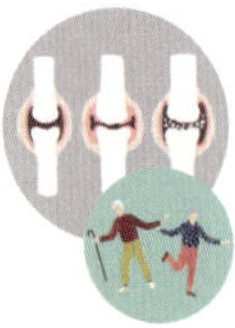

La Prêle est très reminéralisante, elle stimule la production de collagène et aide à la consolidation des tissus. Elle est utile dans toutes les affections du système ostéo-articulaire comme les faiblesses osseuses, la décalcification, l'ostéoporose et les rhumatismes des personnes âgées.
Elle va aider en cas de consolidation trop lente des fractures mais aussi pour les problèmes d'ongles cassants ou de chute de cheveux.

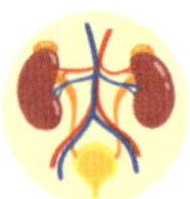

Elle est aussi diurétique et pourra être utilisée sur les problématiques du système urinaire comme les cystites, la dysurie, les calculs et les douleurs urinaires. Paradoxalement, elle permet aussi de traiter l'énurésie (pipi au lit) si on la boit le matin.

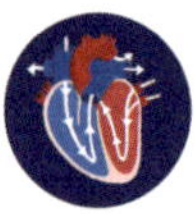

Elle est hémostatique, ce qui permet de l'utiliser pour des hémorragies internes et externes : hémorroïdes, sang dans les urines, hémorragies utérines, saignements de nez.

Sa décoction peut être appliquée en compresses en cas d'affections du système cutané comme les dartres, l'eczéma, les démangeaisons ou la couperose.

Son côté astringent la rend intéressante en cas de diarrhées.

ÇA S'UTILISE COMMENT ?

en INFUSION

- 2 c. à café pour une tasse de 250 ml
  Faites infuser puis filtrez.
  Boire 3 tasses par jour.

en DÉCOCTION

Ou en compresses sur les plaies, l'eczéma, les ulcères des jambes...

- 30 à 50 g pour 1 l d'eau
  Faites frémir 10 min, puis laissez reposer 20 min et filtrez.

Doses pour les problèmes de déminéralisation, à diviser par 3 pour les troubles urinaires

en POUDRE MICRONISÉE

- Mélangez 125 g de PM de Prêle + 125 g de PM d'Ortie.
  1 à 2 c. à café le matin dans une compote ou un yaourt.
  Faites une cure d'1 mois.

Force reminéralisante x 2
Super utile en cas de fracture ou d'ostéoporose

en POUDRE DE PLANTE SÈCHE

- 1 à 2 g
  Avant les repas le midi et le soir.

La Prêle-des-champs renferme des substances toxiques à haute dose, notamment des alcaloïdes et une enzyme, la thiaminase. Elle est déconseillée chez les enfants, la femme enceinte et allaitante, les insuffisants rénaux, les personnes souffrant d'œdèmes cardiaques ou rénaux, de cancers évolutifs ou de maladies auto-immunes.

Filipendula ou Spirea ulmaria ROSACÉES

REINE-DES-PRÉS

C'est l'aspirine végétale. Ce célèbre remède industriel doit en effet son nom à la spiréine, l'un des constituants de la Reine-des-prés, aussi appelée Spirée ulmaire. Elle est aussi appréciée pour son parfum doux et pénétrant, rappelant celui de l'amande amère ou de la fève tonka.

POUR LES INTIMES

Spirée ulmaire, Belle des prés, Ulmaire, Barbe de chèvre, Pied de bouc, Vignette, Fleur des abeilles, Ormière

ELLE RESSEMBLE À QUOI ?

C'est une grande plante à tige dressée qui atteint parfois 1,50 m. Ses feuilles sont découpées en folioles, de tailles très inégales, espacées et disposées sur deux rangs. La dernière foliole est plus grande. Les feuilles sont souvent soyeuses, argentées en dessous. Ses toutes petites fleurs à 5 pétales blanc crème sont très nombreuses et regroupées en panicules dressées. Ses fruits sont assez curieux et ressemblent à de petites spirales collées les unes aux autres. La souche est rampante et noueuse et s'allonge pour donner une tige rougeâtre.

Graines en spirales

Panicule : grappe de grappes

ELLE VIT OÙ ?

Elle est commune dans toute la France sauf en montagne et en Méditerranée. Elle balance ses bouquets au bord des ruisseaux et des rivières, dans les zones marécageuses et les prairies très humides.

ON UTILISE QUELLES PARTIES ?

On cueille ses sommités fleuries en début de floraison en juin-juillet mais toutes les parties de la plante, racines, feuilles et fleurs ont des propriétés voisines.

SES COMPOSANTS

Des sels minéraux (fer, soufre, calcium), des acides gras, de la vitamine C, des flavonoïdes, des tanins, et bien sûr le fameux acide salicylique et son dérivé, le salicylate de méthyle voisin de l'aspirine.

ÇA SERT À QUOI ?

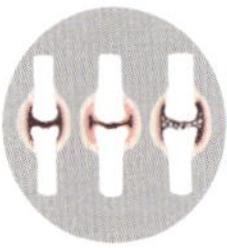

Avec ses propriétés anti-inflammatoires et antalgiques, la Reine-des-prés est une des grandes plantes du système locomoteur. Elle viendra au secours des rhumatisants et des goutteux, notamment quand les douleurs sont accentuées par l'humidité. Cette plante, inféodée aux cours d'eau et aux zones humides est en effet diurétique et sudorifique et a un effet asséchant sur le corps.

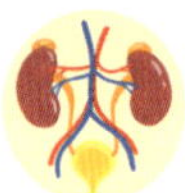

C'est cette même action diurétique, couplée avec ses propriétés astringentes et antibactériennes qui lui permettent d'être un soutien en cas de cystite mais aussi de lithiase urinaire. On peut la préconiser comme drainante sur les problématiques de rétention d'eau et de cellulite.

Du côté de la sphère digestive, elle est indiquée comme régulatrice de l'acidité gastrique et comme remède aux ulcères. En tant qu'astringente, elle pourra aussi être utile en cas de diarrhées.

On la retrouve souvent dans les recommandations pour les rhumes, les états fébriles et grippaux pour son action sudorifique et antibactérienne. Son effet antalgique (rappelez-vous de l'aspirine !) calmera les maux de tête et les douleurs dentaires.

ÇA S'UTILISE COMMENT ?

en INFUSION

Attention, la Reine-des-prés ne supporte pas l'eau à plus de 90 °C car elle élimine les salicylates

Pour une tasse

- 1 c. à café de fleurs séchées
- 250 ml d'eau bien chaude mais pas bouillante !

Infusez 10 min.
Boire 3 tasses par jour entre les repas dont une tasse à jeun.

Vous pouvez l'associer à la Guimauve pour adoucir ses tanins, mais aussi au Plantain et à la Matricaire.

en TEINTURE MÈRE

- 30 à 90 gouttes dans un verre d'eau, 3 à 4 fois par jour. Augmentez les doses progressivement.
- On peut aussi utiliser la teinture-mère ou une décoction des sommités fleuries en externe, sur un linge. Appliquez 3 fois par jour sur les rhumatismes douloureux, laissez en place 20 min.

en EXTRAIT DE PLANTE FRAÎCHE

- 1 c. à café dans un peu d'eau, 1 fois par jour.

Déconseillé pendant la grossesse et l'allaitement et en dessous de l'âge de 12 ans. Ne pas utiliser non plus en cas d'allergie à l'aspirine ou chez les personnes atteintes de néphrites. Il y a un risque d'effet cumulé avec d'autres plantes à salicylate de méthyle (Bouleau, Saule, Gaulthérie), les médicaments anti-inflammatoires non stéroïdiens (aspirine, ibuprofène, etc.), et les anti-coagulants. Un surdosage peut provoquer des hématuries (sang dans les urines) et des troubles cardiaques. Déconseillé avant une intervention chirurgicale.

Rosmarinus officinalis LAMIACÉES

ROMARIN

Plante des garrigues provençales, le Romarin aurait été à l'origine d'une promesse surnaturelle de rendre à tous la jeunesse et la beauté. C'était en tout cas l'avis d'Isabelle, reine de Hongrie qui distilla ses fleurs avec de l'alcool pour créer en ses vieux jours et sur les conseils d'un ange, la célèbre « eau de la reine de Hongrie » qui la soigna de ses rhumatismes douloureux.

POUR LES INTIMES

Rose marine, Encensier, Herbe aux couronnes, Ginseng provençal

IL RESSEMBLE À QUOI ?

C'est un petit arbrisseau toujours vert de 0,5 à 2 m, très touffu, avec de nombreux rameaux feuillus et aromatiques. Ses feuilles sont étroites et épaisses, enroulées sur les côtés. Elles sont vert foncé et vernies sur le dessus, velues blanchâtres sur le dessous. Les fleurs sont d'un bleu pâle violacé parfois presque blanches. Elles sécrètent un nectar abondant prisé des abeilles qui en feront un miel connu sous le nom de miel de Narbonne.

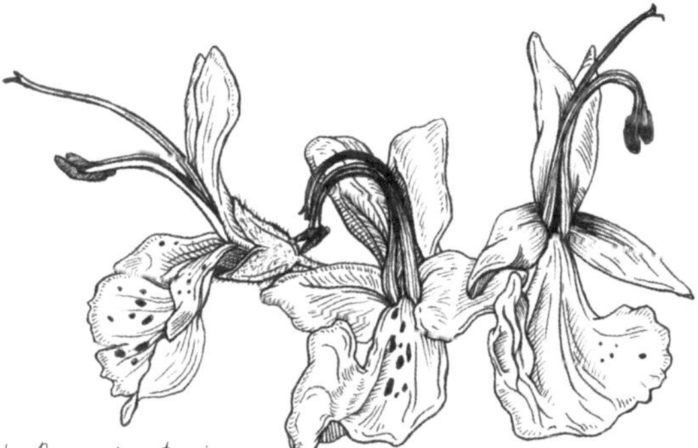

Fleurs de Romarin, typiques de la famille des Lamiacées

IL VIT OÙ ?

Il est chez lui dans les maquis, les garrigues, les endroits arides et les rocailles méditerranéennes. On le retrouve dans beaucoup de jardins éloignés du Midi, un exil froid où il survit bien mais dans une version moins odorante, moins riche en huile essentielle et en principes actifs.

ON UTILISE QUELLES PARTIES ?

Les sommités fleuries et les feuilles qui sont très riches en huile essentielle.

SES COMPOSANTS

De l'acide rosmarinique, ça, c'était facile! mais aussi des flavonoïdes, des phénols, des di- et triterpènes, des polysaccharides et bien sûr, des huiles essentielles. Ce sont elles, les responsables de son odeur si caractéristique. Sa composition est très variable mais on dénombre trois chémotypes principaux: le Romarin à cinéole qui provient plutôt du Maghreb, le Romarin à verbénone, plutôt originaire de Corse, et le Romarin à camphre qui pousse en Provence et en Espagne.

ÇA SERT À QUOI?

C'est une plante du foie, elle va stimuler les sécrétions biliaires et leur évacuation. On peut aussi l'utiliser en cas de lourdeurs digestives. Il va aussi aider à faire diminuer le taux de mauvais cholestérol.

Le Romarin a des propriétés antiseptiques pulmonaires, il est aussi expectorant et anti-inflammatoire (surtout avec le chémotype 1,8-cinéole), donc utile sur toutes les affections des bronches.

C'est un tonique musculaire qui aidera à optimiser les performances physiques et sportives. On pourra utiliser son huile essentielle camphrée en massage pour la récupération musculaire et le surmenage physique (utile aussi pour la fatigue intellectuelle).

Le Romarin agit aussi sur la sphère cardiovasculaire comme tonique général et hypertenseur, surtout chez le jeune adulte asthénique et manquant d'énergie.

ÇA S'UTILISE COMMENT ?

en INFUSION

Pour une tasse

- 1 c. à soupe de sommités fleuries séchées
- 250 ml d'eau frémissante

Infusez à couvert pendant 10 min, filtrez.
Boire 1 tasse après chaque repas.

en TEINTURE MÈRE

- 30 gouttes dans de l'eau

3 fois par jour
Cure de 7 jours en moyenne.

en HYDROLAT

→ Revitalisant après une longue journée ou un effort physique intense

- En interne : 2 c. à café/jour max.
  Cure de 3 semaines max
- En bain, 5 c. à soupe dans l'eau

en VIN

→ diurétique

- 1 litre de vin blanc ou rouge
- 100 g de sommités fleuries
- 100 g de sucre bio en poudre
- 1 verre d'eau-de-vie ou de rhum

Pilez le Romarin frais dans le mortier. Mettez-le dans un bocal avec l'eau-de-vie. Fermez bien et laissez reposer 3 jours.
Ajoutez le litre de vin et laissez reposer 7 jours.
Filtrez et sucrez. Conservez à l'abri de la lumière.

⚠ *Interdit par voie externe chez la femme enceinte, les bébés, les enfants de moins de 6 ans. L'HE à camphre est un poison hépatique et neurotoxique. À utiliser avec beaucoup de précaution, respecter les dosages maximaux.*

Rubus fruticosus

ROSACÉES

RONCE

Oui, c'est bien elle, ce barbelé naturel qui nous érafle perfidement les mollets et envahit de toute sa vitalité les jardins à l'abandon! Mais elle sait se faire pardonner à grand renfort de confitures, d'eau-de-vie et de remèdes médicinaux.

POUR LES INTIMES

Mûrier sauvage, Mûrier des haies ou Mûrier des renards

ELLE RESSEMBLE À QUOI ?

Botaniquement parlant, c'est une coriace ! Il y a plus de 2000 variantes et hybrides de ronce. Globalement, elles s'accordent toutes sur certains points. Elles ont les fleurs typiques des Rosacées, c'est-à-dire blanches ou rosées, avec 5 pétales, 5 sépales et de nombreuses étamines, des feuilles découpées, avec 3 à 7 folioles, des fruits multiples (les fameuses mûres qui techniquement ne sont pas un fruit mais un regroupement de mini-fruits) et des épines bien sûr !

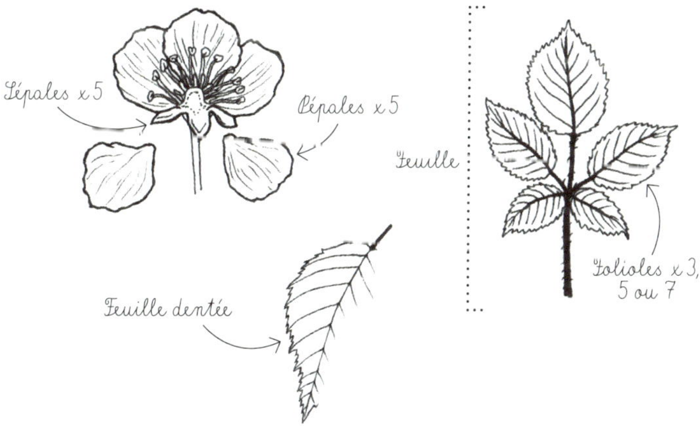

ELLE VIT OÙ ?

Elle aime bien envahir les haies, les friches et les sous-bois.

ON UTILISE QUELLES PARTIES ?

Surtout les jeunes pousses récoltées au printemps, mais aussi les fruits, les fleurs et les boutons.

→ Elles ont un petit goût d'amande fraîche !

SES COMPOSANTS

Les feuilles et les bourgeons contiennent beaucoup de tanins, des acides phénols, des flavonoïdes et des sels minéraux. Les fruits sont riches en vitamine C, minéraux (potassium, magnésium, calcium, fer, cuivre, manganèse) et bien sûr en anthocyanes comme le révèle leur couleur.

ÇA SERT À QUOI ?

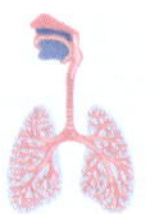

La Ronce est utile dans le traitement de nombreuses maladies du système ORL et pulmonaire comme les angines, les maux de gorge ou la toux grâce à ses propriétés anti-infectieuses et antibactériennes mais surtout grâce à ses tanins qui vont permettre de resserrer et cicatriser les tissus inflammés.

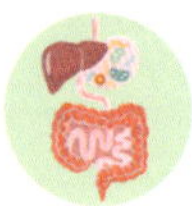

Toujours grâce à ses tanins, c'est un excellent remède des diarrhées et des irritations de l'estomac. Elle pourra aussi resserrer les muqueuses de la sphère buccale en cas de gingivites ou d'aphtes. Elle est utilisée traditionnellement pour traiter les excès de glycémie.

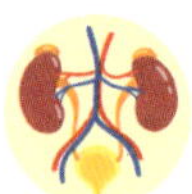

La Ronce est diurétique et elle pourra donc être utilisée pour accompagner le traitement des cystites, d'autant qu'elle pourra aussi resserrer les tissus du système urinaire et génital qui est inflammé dans cette affection (encore une fois, merci les tanins !).

Antibactérienne, cicatrisante et astringente, la Ronce est toute indiquée pour le traitement des plaies et de l'acné et pour resserrer les pores de la peau.

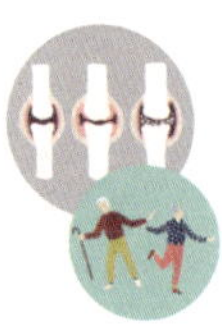

Les bourgeons, riches en minéraux sont indiqués chez la personne âgée souffrant d'ostéoporose ou de rhumatismes.

ÇA S'UTILISE COMMENT ?

en DÉCOCTION

parce que les tanins, c'est du solide !

- 30-50 g de feuilles
- 1 litre d'eau

Faites bouillir 2 min et infuser 10 min.
Buvez le litre dans la journée.
Cure de 7 jours à 3 semaines.

en GARGARISME

Avec une décoction plus concentrée.

en APPLICATION LOCALE

Avec la même décoction, qui a un pouvoir cicatrisant.

à associer avec la Réglisse, la Mauve, le Souci ou le Plantain

en SIROP

- le jus de mûres fraîches
- + le double de sucre

Faites bouillir et mettez en bouteille.
Conservez au frais.
Donnez 3 à 4 c. à soupe par jour.

pour les diarrhées des enfants

À prendre loin des repas pour que ces tanins n'interfèrent avec l'absorption des nutriments mais aussi loin de toute prise de médicaments ou compléments alimentaires.
Soyez prudent si vous êtes sous médicament hypoglycémiant.

Salvia officinalis

LAMIACÉES

SAUGE

Voici l'herbe sacrée, la panacée de l'herboriste ! Son nom latin *Salvia* vient d'ailleurs de *salvare* qui signifie « guérir » ou « sauver ». Elle figure dans les jardins des monastères depuis le IXe siècle et Sainte Hildegarde de Bingen lui accorde d'innombrables vertus.

POUR LES INTIMES

Grande sauge, Serve, Sauge de Catalogne, Herbe sacrée, Thé de Grèce, Thé de Provence.

ELLE RESSEMBLE À QUOI ?

C'est un petit buisson bas de 20 à 70 cm. Elle a des tiges et des rameaux ligneux, c'est-à-dire qu'elle crée de l'écorce. Ses feuilles sont oblongues et grisâtres et résistent à l'hiver. Elle fleurit au début de l'été en grappes de fleurs bleu violacé pâle.

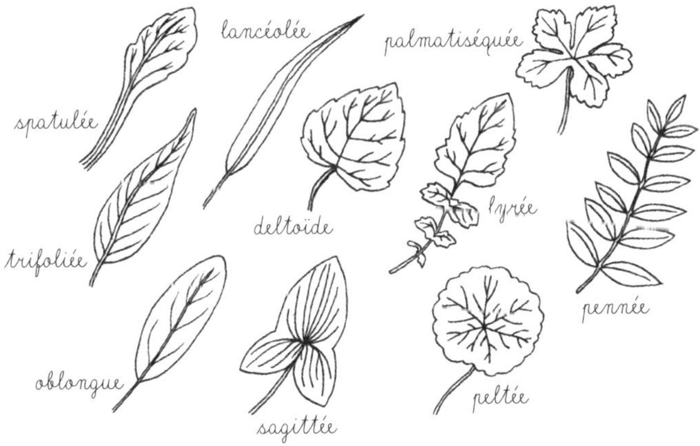

ELLE VIT OÙ ?

Elle nous vient de Grèce et a transité par l'Italie avant de s'installer dans tout le Midi de l'Europe où elle pousse spontanément. Elle apprécie les pentes arides et les rocailles de la région méditerranéenne mais cultivée dans les jardins, elle s'acclimate très bien aux hivers du Nord de la France.

ON UTILISE QUELLES PARTIES ?

Les feuilles et les sommités fleuries.

SES COMPOSANTS

Pas mal de minéraux (magnésium, potassium, calcium), des acides phénols notamment l'acide rosmarinique, des flavonoïdes, des tanins, des diterpènes et des triterpènes. La Sauge contient aussi une huile essentielle riche en camphre et surtout en thuyone. Le thuyone étant neurotoxique, l'huile essentielle de Sauge n'est pas en vente libre.

ÇA SERT À QUOI ?

Les propriétés phyto-œstrogéniques de la Sauge en font une plante indispensable pour de nombreux troubles hormonaux. Stimulant hormonal ovarien, elle est active sur les cas d'absence de règles ou de cycle irrégulier. Elle est aussi préconisée chez la femme souffrant des effets de la ménopause, d'autant qu'elle est aussi antisudorale et pourra donc calmer la transpiration nocturne et l'hypersudation notamment des mains et des pieds.
C'est aussi un stimulant de l'hypophyse et de la thyroïde qui tonifiera les personnes fatiguées ou convalescentes.

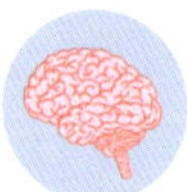

C'est un stimulant du système nerveux notamment en matière de mémoire mais aussi dans les cas de fatigue nerveuse ou de troubles de l'humeur.

Puissant anti-infectieux, antiviral, antibactérien et antimycosique, elle est intéressante dans les problématiques infectieuses et virales mais attention, uniquement en usage interne.

La Sauge est un booster du système digestif, notamment en cas d'insuffisance hépatique ou pancréatique. Elle calme aussi les spasmes du côlon.

ÇA S'UTILISE COMMENT ?

en INFUSION

Pour une tasse

- 1 c. à café
- 250 ml d'eau frémissante

Infusez à couvert pendant 10-15 min, filtrez.
Boire 1 tasse le matin et le midi en début de repas.

en EXTRAIT DE PLANTE FRAÎCHE

- 20 gouttes le matin à jeun dans un peu d'eau.

en HYDROLAT

- 1 à 3 c. à café par jour, pur ou dilué dans un peu d'eau.

en VIN

- 15 feuilles fraîches
- 1 litre de bon vin blanc
- 100 g de miel

Faites macérer le vin et les feuilles de sauge pendant 8 à 10 jours.
Filtrez et sucrez au miel.
Conservez au frais, à l'abri de la lumière.

→ C'est un fortifiant général.

Attention, elle est proscrite chez la femme enceinte car elle peut être abortive et chez la femme allaitante car elle tarit la production de lait. On évitera de l'employer le soir car c'est une plante stimulante qui peut perturber le sommeil. L'HE, à cause de sa concentration en thuyone, est un neurotoxique qui peut provoquer des convulsions de type épileptique, donc, on l'oublie ! À éviter chez les personnes ayant eu un cancer homorno-dépendant (présence de phyto-œstrogènes).

Calendula officinalis

ASTÉRACÉES

SOUCI

C'est sans doute la plante que l'on trouve le plus fréquemment dans les cosmétiques et les baumes adoucissants. Et pour cause, le souci est le grand protecteur et réparateur des peaux irritées.
Son nom dérive du latin *Solsequia* « qui suit le soleil » et de *Calendae,* « premier jour du mois » car ses capitules s'ouvrent et se ferment en fonction de l'apparition du soleil.

POUR LES INTIMES

Souci des jardins, des champs ou des vignes, Petit souci, Fleur de tous les mois.

IL RESSEMBLE À QUOI ?

Les soucis mesurent entre 30 et 50 cm dans les jardins mais sont plus petits à l'état sauvage. Les fleurs forment des capitules jaune orangé d'assez grande taille. Ils s'ouvrent en milieu de matinée et se ferment en fin d'après-midi selon la chaleur et le degré d'humidité. Ils fleurissent toute la belle saison et dégagent une odeur assez forte. Les feuilles sont oblongues, alternes, faiblement dentées et peuvent être embrassantes. Ses graines sont très particulières. Elles ont trois formes différentes au sein de la même fleur, ce qui maximise leurs chances d'essaimer. Certaines ont de larges ailes pour s'envoler avec le vent, d'autres ressemblent à de minuscules dragons enroulés sur eux-mêmes et sont munies de crochets pour s'accrocher aux poils des animaux, les dernières ressemblent plutôt à de petites chenilles.

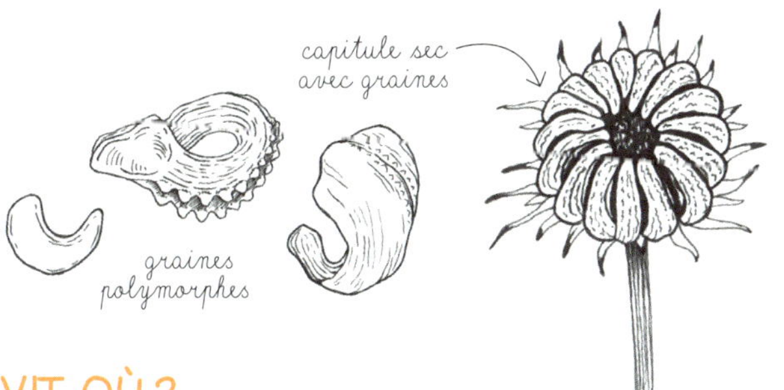

IL VIT OÙ ?

Il est originaire des régions méditerranéennes, on le rencontre communément dans les champs, les vignes ou les talus. C'est souvent un échappé de jardins où il est planté comme plante ornementale.

ON UTILISE QUELLES PARTIES ?

Principalement les capitules frais ou secs (réceptacle inclus car celui-ci est riche en terpènes) mais aussi les feuilles écrasées en application locale.

SES COMPOSANTS

Des triterpènes, des flavonoïdes et des caroténoïdes (pensez aux pigments jaunes), des coumarines mais aussi des mucilages et des saponosides, des stérols, des substances amères et des huiles essentielles.

ÇA SERT À QUOI ?

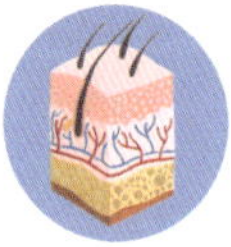

On ne compte plus le nombre de cosmétiques et de préparations pour la peau contenant du Calendula.
Cette plante possède de puissantes propriétés cicatrisantes.
Elle est aussi antiseptique, anti-inflammatoire et fongicide, un ensemble d'avantages qui font d'elle le remède végétal des problèmes de peau: acné, eczéma, crevasses, plaies, écorchures, brûlures, on la retrouve partout!
Le Souci est aussi indiqué dans le traitement des conjonctivites et des inflammations oculaires.

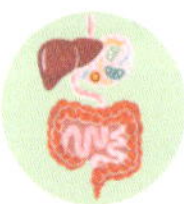

Son action dépurative et stimulante des sécrétions du foie rend le Souci intéressant en cas de congestion hépatique. En y associant ses propriétés cicatrisantes et anti-inflammatoires, cela lui permettra aussi de calmer les ulcères gastriques, les lésions et les crampes intestinales.

Le Souci est dit œstrogène-like, c'est-à-dire qu'il mime l'action de cette hormone, jouant un rôle primordial dans l'ovulation et la régulation des règles. Il pourra atténuer les douleurs de règles grâce à ses propriétés antispasmodiques et antalgiques. On le préconise aussi dans le traitement des troubles gynécologiques comme les mycoses et les candidoses vaginales.

ÇA S'UTILISE COMMENT ?

en INFUSION

L'infusion peut s'utiliser en compresse pour les dermatites et les conjonctivites.

Pour une tasse

- 1 c. à soupe rase de fleurs ou un capitule entier
- 250 ml d'eau frémissante

Infusez à couvert pendant 10 min, filtrez.
Boire 2 à 3 tasses par jour en dehors des repas.

On l'utilise souvent en mélange avec d'autres plantes du foie comme l'Artichaut, le Romarin, la Menthe poivrée ou la Réglisse

en POMMADE

- 40 g de plantes fraîches
- 100 g de beurre végétal (karité, mangue, amande...)
- 5 à 10 g de cire d'abeille en pastilles (selon la texture souhaitée)

Broyez les fleurs dans le mortier.
Faites fondre le beurre végétal.
Versez-y les fleurs et laissez cuire à feu doux pendant 10 à 15 min.
Mettez dans un bocal et laissez reposer : c'est l'enfleurage.
Au bout de 7 jours, réchauffez au bain marie, filtrez à travers une compresse et fixez avec la cire en la faisant fondre dans le beurre chaud.
Parfumez avec 5 gouttes d'huile essentielle de Lavande.
S'utilise en massage pour aider à la cicatrisation ou calmer les douleurs menstruelles.

Il s'associe bien au Plantain et au Millepertuis

On l'évite en interne chez la femme enceinte car il a une action emménagogue (il peut déclencher les règles).
Allergie possible à la famille des Astéracées.

Sambucus nigra ADOXACÉES

SUREAU NOIR

On a retrouvé des amas de graines de Sureau dans des habitats du Néolithique. On suppose que l'on en faisait alors déjà une boisson fermentée et que ses propriétés laxatives et purgatives étaient déjà connues. La fleur de Sureau est très aromatique et donne des infusions très agréables à boire.

POUR LES INTIMES

Arbre de Judas, Grand sureau, Hautbois, Sambequier, Sambu, Samebus, Suscau, Susier, Seuillet, Seuillon

IL RESSEMBLE À QUOI ?

C'est un arbuste ou un petit arbre à écorce grise très gercée. Il porte de nombreux rameaux et des feuilles de 5 à 7 folioles ovales et aiguës. Ses toutes petites fleurs en étoile blanc crème et à anthères jaunes, riches en pollen, sont agencées en grandes ombelles. Fleuri entre mai et juillet, le Sureau noir dégage une odeur caractéristique. Succédant aux fleurs, les baies de Sureau, de 5 à 6 mm de diamètre, sont d'abord vertes puis d'un noir violacé brillant. Elles sont portées par des pédicelles rougeâtres.

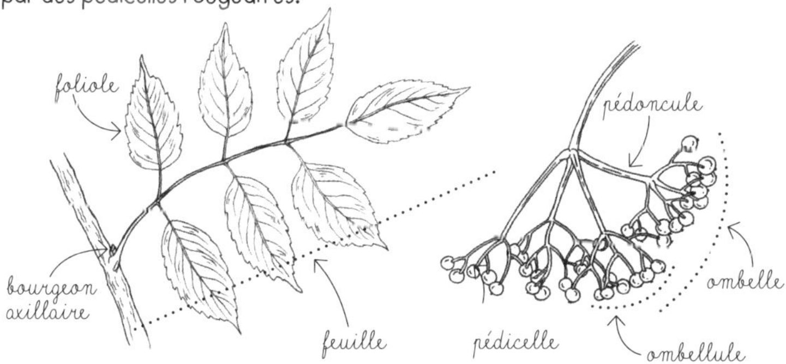

IL VIT OÙ ?

Souvent planté dans les parcs ou près des maisons des villages, il apprécie les bois, les bosquets, les lisières, les talus et les bordures de routes près des cours d'eau.

ON UTILISE QUELLES PARTIES ?

La fleur fraîche ou séchée, récoltée au mois de juin, la feuille cueillie au printemps, l'écorce interne des branches d'1 ou 2 ans et enfin, la baie récoltée au début de l'automne puis utilisée en sirop ou séchée.

SES COMPOSANTS

Ils sont différents selon la partie de la plante utilisée. La fleur contient des mucilages, des tanins, des sels de potassium, des acides phénols et des flavonoïdes. Les baies contiennent des flavonoïdes, des anthocyanosides, de l'acide citrique et folique et les vitamines A et C. L'écorce est l'une des sources végétales les plus riches en nitrate de potassium, elle contient aussi des tanins.

ÇA SERT À QUOI ?

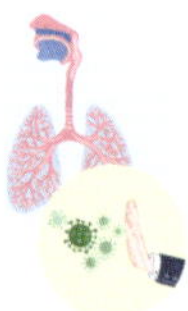

Les fleurs de Sureau sont à la fois sudorifiques et fébrifuges. Elles permettent de faire baisser la fièvre en augmentant la transpiration. Elles sont donc utiles en cas de grippe, surtout au début de la maladie afin d'éliminer les toxines. Elles sont aussi émollientes, béchiques (elles calment les toux sèches en adoucissant les muqueuses inflammées), anti-inflammatoires et stimulantes du système immunitaire, un cocktail de propriétés super intéressant pour calmer les bronchites accompagnées de fièvre.

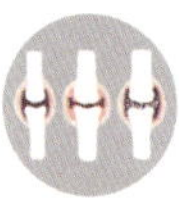

La décoction de l'écorce interne est un remède contre les rhumatismes, l'arthrite et la goutte. Très diurétique, elle agit sur les problématiques de rétention d'eau et sur les tissus ayant besoin d'être drainés.

Les baies sont laxatives voire purgatives. C'est une plante intéressante à intégrer dans les cures de printemps et pour accompagner une perte de poids.

En usage externe, les fleurs seront intéressantes sur les peaux irritées, les furoncles, l'eczéma, l'urticaire mais aussi sur les troubles oculaires comme les conjonctivites et les orgelets.

Les fleurs sont galactogènes. Prises en infusion, elles vont stimuler la production de lait.

ÇA S'UTILISE COMMENT ?

en INFUSION de fleurs

sudorifique

Pour une tasse

- 1 c. à café de fleurs
- 250 ml d'eau bouillante

Infusez pendant 10 min, filtrez.
Boire jusqu'à 5 tasses par jour.

en DÉCOCTION de baies

purgatif

Pour une tasse

- 20 g de baies séchées
- 500 ml d'eau

Faites bouillir pendant 10 min puis filtrez.
À prendre à jeun en 2 ou 3 fois à une demi-heure d'intervalle.

en VINAIGRE

sudorifique et antirhumatismal
idéal rétention d'eau

- 500 g de fleurs récemment séchées
- 1/2 litre de vinaigre de vin ou de cidre

Mettez le tout dans un bocal fermé hermétiquement.
Après 10 jours, filtrez et conservez dans une bouteille en verre au frais.
Prenez 2 c. à soupe par jour, diluées dans un verre d'eau chaude, avec du miel.

Le sureau est purgatif : respectez les doses au risque de provoquer vomissements et diarrhées, et bien sûr arrêtez l'usage de la plante si votre corps ne la supporte pas !

Thymus vulgaris

LAMIACÉES

THYM

Thym, Sarriette ou Serpolet ? Pas toujours facile de les distinguer ! Ces plantes de Méditerranée de la famille des Lamiacées (anciennement Labiées à cause de leurs fleurs en forme de lèvres) ont toutes de fortes valeurs aromatiques et médicinales. Le nom du Thym viendrait de *Tham* qui désignait des plantes utilisées pour les embaumements.

POUR LES INTIMES

Thym vulgaire ou commun, Farigoule, Frigoule, Barigoule, Pote, Mignotise des Genevois

IL RESSEMBLE À QUOI ?

Le Thym forme de petits buissons de 20 à 30 cm, compacts et fournis, avec de nombreux rameaux ligneux dressés. Le Serpolet lui ressemble mais il forme plutôt de petits coussins. Le Thym est très aromatique et doit cela à ses toutes petites feuilles parsemées de glandes transparentes remplies d'essence. Le bord des feuilles est recourbé dans la longueur et le dessous est légèrement cotonneux. Les feuilles de la Sarriette sont plus grandes et parfaitement planes. Il a de petites fleurs rose violacé, rapprochées les unes des autres en sommet de rameau.

IL VIT OÙ ?

À l'état sauvage, il pousse dans toute la région méditerranéenne, sur les pentes arides, les garrigues pauvres et sèches, les rocailles et le maquis.

ON UTILISE QUELLES PARTIES ?

Les feuilles et les tiges fleuries, de préférence en début de floraison en avril-mai, lorsqu'elles sont le plus riche en principes actifs.

SES COMPOSANTS

De l'acide rosmarinique et caféique, des flavonoïdes et des tanins mais surtout de précieuses huiles essentielles qui peuvent être de compositions très variables suivant les chémotypes. On trouve principalement des thyms à thymol et à carvacrol (c'est obligatoirement précisé sur le flacon d'huile essentielle).

ÇA SERT À QUOI ?

L'huile essentielle du Thym est antibactérienne et a un spectre d'action assez large. La plante est dite « réchauffante », elle est utilisée comme fortifiant et stimulant dans les troubles de l'état général comme les refroidissements, la fatigue physique et intellectuelle, les périodes de convalescence, les insuffisances immunitaires et globalement sur tous les troubles d'origine infectieuse.

Grâce à son caractère digestif et antispasmodique, le Thym est aussi utilisé en cas d'affections du système digestif : ballonnements, dyspepsie, crampes intestinales, maux d'estomac, et pour soulager la digestion en cas d'excès alimentaire. Il est antibactérien contre *Helicobacter pylori*.

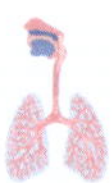

Au niveau de la sphère ORL, ses propriétés antibactériennes et antivirales sont utiles pour soigner la toux, les bronchites, rhumes, grippe et autre rhinites.

Utilisé en pommade ou sur des compresses, il agit comme antiseptique, antifongique et cicatrisant. On peut l'utiliser sur les petites plaies, l'herpès, les mycoses...

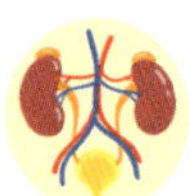

Le Thym est intéressant en mélange avec la Busserole, la Bruyère cendrée ou le Genièvre pour traiter les cystites récurrentes.

ÇA S'UTILISE COMMENT ?

en INFUSION

- Pour 1 litre d'eau bouillante :
- 3 c. à soupe de thym
  Infusez pendant 10 min à couvert pour bien garder les huiles essentielles ! Filtrez.
  À boire au long de la journée.

Possible de l'associer à la Sarriette, au Romarin, à la Cannelle, à la Badiane ou au Gingembre pour une infusion réchauffante spéciale hiver

en HUILE ESSENTIELLE

- 1 goutte d'HE dans une cuillère de miel 3 fois par jour.
- ou 2 3 gouttes dans un bol d'eau très chaude à inhaler pendant 15 min, 3 fois par jour.

en VINAIGRE

- Remplissez un bocal de sommités fleuries fraîches ou sèches
- Couvrez de vinaigre de cidre à hauteur
  Laissez reposer dans un endroit frais et sombre pendant 2 semaines. Remuez de temps en temps.
  Filtrez et mettez en bouteille.
  Prenez 1 c. à café dans un verre d'eau, trois fois par jour.

Utilisez-le en cure courte car le thymol et le carvacrol sont hépatotoxiques et caustiques en cas d'usage trop prolongé ou de surdosage.
C'est une plante qu'il vaut mieux éviter chez la femme enceinte ou allaitante.

Vitis vinifera var. tinctoria VITACÉES

VIGNE ROUGE

Elle est connue de tous pour ses raisins et leur vinification, mais attention, la Vigne rouge est un cultivar très particulier de vigne. On parle ici de *Vitis vinifera* var. *tinctoria*, la variété tinctoriale et de ses belles feuilles aux précieuses vertus médicinales ! Son nom latin *Vitis* signifie « plante à vrilles » et n'a contrairement à ce qu'on pourrait penser, pas de rapport étymologique avec *Vinum*, le « vin ».

POUR LES INTIMES

Lambrusquo, Vigne cultivée, Vigne des teinturiers, Vigne sauvage, Vigne vinifère

ELLE RESSEMBLE À QUOI ?

C'est un arbrisseau à tiges grimpantes et ligneuses portant de petites fleurs odorantes verdâtres disposées en grappe, qui donneront nos raisins en automne. Les feuilles sont dites « digitées palmées » avec des extrémités irrégulières dentées d'abord vertes puis rouges avant de tomber.

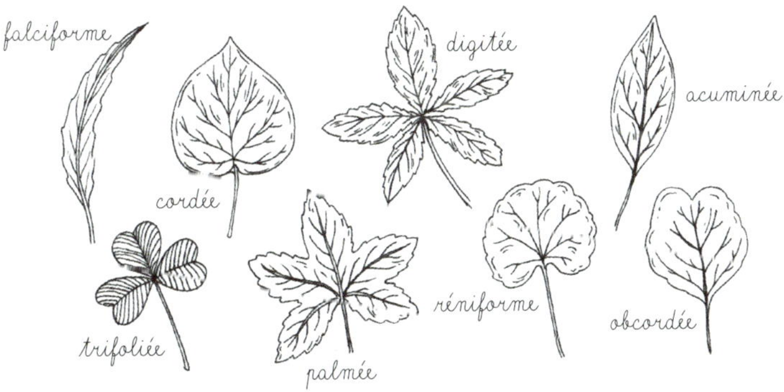

ELLE VIT OÙ ?

Les traces les plus anciennes de vigne se situent en Asie Mineure et en Egypte avant d'arriver en France via la Grèce et l'Italie. Elle fit fureur dans les monastères sous l'impulsion de Charlemagne. Elle apprécie les sols caillouteux et bien drainés, riches en silice, calcaire et argile. À l'état sauvage, on peut la trouver dans les vallées de grands fleuves et dans certains bois marécageux.

ON UTILISE QUELLES PARTIES ?

En herboristerie, surtout ses feuilles et ses bourgeons.

SES COMPOSANTS

Les raisins et les feuilles de Vigne rouge contiennent le célèbre resvératrol, un polyphénol très antioxydant. La plante contient aussi des tanins hydrolysables et condensés, des anthocyanes, des flavonoïdes, des minéraux et de la vitamine C.

ÇA SERT À QUOI ?

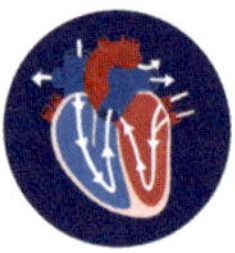

Les intérêts de la Vigne Rouge se concentrent surtout sur le système cardiovasculaire. Elle augmente la résistance des vaisseaux capillaires, améliore la contention des parois veineuses et favorise le retour du sang vers le cœur.
Elle est utile dans les cas de varices, de jambes lourdes, d'œdèmes des jambes, d'hypertension et d'hémorroïdes (n'oublions pas qu'il s'agit aussi d'un problème veineux !)

Le resvératrol est souvent désigné comme une fontaine de Jouvence. Il est préventif contre les maladies liées à l'action néfaste des radicaux libres, notamment les cancers.

Il joue aussi un rôle de phyto-œstrogène, ce qui fait de la Vigne rouge une plante de la ménopause. Son caractère astringent la rend hémostatique, ce qui lui permet de freiner les saignements des règles pendant la périménopause.

Le resvératrol est un protecteur de la jeunesse de la peau, on le trouve dans de nombreux cosmétiques anti-âge.

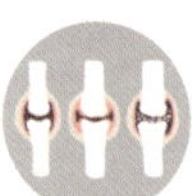

Les bourgeons sont indiqués dans l'arthrose, l'ostéoporose, l'arthrite des petites articulations.

ÇA S'UTILISE COMMENT ?

en petite DÉCOCTION puis INFUSION

Pour une tasse

- 1 bonne c. à soupe de feuilles coupées
- 250 ml d'eau bouillante

Démarrez avec une courte décoction de 2-3 min, puis infusez pendant 10 min et filtrez.
Boire 2 à 4 tasses par jour entre les repas.

On peut la combiner avec d'autres plantes de la circulation comme l'Achillée Millefeuille, le Mélilot, les feuilles de Noisetier...

en TEINTURE MÈRE

- 30 à 60 gouttes dans de l'eau 3 fois par jour.

en MACÉRÂT GLYCÉRINÉ

Macération concentrée de bourgeons

- 15 gouttes matin et soir dans de l'eau.

en BAIN DE PIEDS

Le top pour activer la circulation sanguine des jambes !

- 2 bonnes poignées de feuilles sèches ou fraîches

Faites bouillir pendant 10 min dans 1 litre d'eau.
Ajoutez de l'eau pour un bain de pieds pas trop chaud.
On peut ajouter 2 c. à soupe de gros sel pour faire dégonfler les œdèmes. Faites un ou deux bains par jour.

À cause de ses tanins, la Vigne rouge peut être agressive pour l'estomac. Elle est déconseillée chez la femme enceinte car elle agit sur le muscle utérin. À éviter aussi chez les personnes sous anticoagulants et antiplaquettaires et en cas de cancer hormonodépendant à cause la présence de phyto-œstrogènes.

COMPOSANTS BIOCHIMIQUES DES PLANTES

Ok, ça n'est pas la partie la plus sexy et poétique des plantes médicinales et on préfèrerait tous se contenter de faire des bouquets de pâquerettes, mais ça permet de mieux comprendre pourquoi et comment elles agissent sur notre corps. Et ça vous donnera des billes pour faire taire votre cousin Gilbert qui dit que les médecines douces et l'herboristerie, c'est vraiment que des trucs de bobos altermondialistes.

MÉTABOLISME PRIMAIRE

C'est illusoire de penser pouvoir se soigner avec des plantes sans adopter en premier lieu une alimentation équilibrée. Avant donc de boire des litres de tisanes et d'enrichir votre collection d'huiles essentielles, c'est du côté de la nutrition qu'il faudra établir de bonnes bases et les plantes ont bien sûr un grand rôle à jouer dans l'équilibre alimentaire.

Dans les très grandes lignes de la chimie organique, on distingue chez les plantes, deux groupes de métabolites: ceux du métabolisme primaire et ceux du métabolisme secondaire. En gros, le métabolisme primaire, ce sont les grosses molécules de base: glucides, lipides et acides aminés (protéines). Chaque groupe contient des composants qui vont plutôt favoriser une bonne santé et d'autres qu'il faudra chercher à limiter. Allez donc piocher les bons chez quelques plantes amies!

GLUCIDES

Inuline, bêta-glucanes, carraghénanes, fibres, mucilages...

Psyllium, Plantain, Lin, Guimauve, Bardane, Aunée, Pissenlit, Chicorée, Artichaut, Echinacées, Algues, Avoine, Orge

ACIDES AMINÉS

Protéines, tryptophane, tyrosine, glutamine, cystéine, lysine, glutathion...

Ortie, Mauve, Amarante, Egopode, Chénopode, Consoude, Bourse à pasteur, Luzerne, Trèfle, Lupin, Fenugrec, Persil, Pourpier, graines germées, Algues, Ail...

LIPIDES

Oméga-6: GLA
Oméga-3: ALA et DHA

Bourrache, germe de Blé, Onagre, pépins de Cassis, Chanvre, Lin, Cameline, Colza, Noix, Mâche, Pourpier, Algues

MÉTABOLISME SECONDAIRE

Dans le métabolisme secondaire, on est sur des nutriments plus fins.
Les 3 grandes catégories de métabolites secondaires sont les composés phénoliques, les composés terpéniques et séroïdiques et les composés azotés.

Parmi les composés phénoliques on retrouve:

LES PHÉNOLS SIMPLES

Hydroquinone, arbutoside

Busserole, Bruyère callune

Anti-oxydants, antiseptiques, anti-inflammatoires

LES ACIDES PHÉNOLS

Acides caféique, chlorogénique, salicylique

Reine-des-prés, Artichaut, Saule, Romarin

Anti-oxydants, anti-inflammatoires, analgésiques, fébrifuges, hépatoprotecteurs

LES TANINS

Astringents, cicatrisants, antidiarrhéiques, vasoconstricteurs, antiviraux, antiseptiques, antioxydants

Tanins galliques, ellagiques & proanthocyanidols

Famille des Rosacées (Ronce, Rose gallique, Alchémille, Reine-des-prés...), Hamamélis, Chêne, Grenade, Vigne rouge, Canneberge

LES FLAVONOÏDES

Puissants antiradicaux libres, veinoprotecteurs, anti-inflammatoires, antispasmodiques, hépatoprotecteurs, phyto-œstrogéniques (Soja jaune)

Pigments jaunes: apigénine, quercétine, rutoside

Ginkgo, Passiflore, Prêle-des-champs, Chardon-Marie, Matricaire

LES ANTHOCYANOSIDES

Antioxydants, veinotoniques, amélioration de la micro-circulation, anti-inflammatoires, vision nocturne (Myrtille)

Pigments rouges à bleus: cyanidol, delphinidol, pelargonidol

Cassis, Bleuet, Sureau noir, Vigne rouge

LES COUMARINES

Veinotoniques, vasculoprotectrices, anti-oedémateuses

Coumarines simples, ombelliférone, esculétol, furanocoumarines

Marronnier d'Inde, Mélilot, Piloselle, Aspérule odorante, Angélique, Citronnier

LES LIGNANES

Phyto-œstrogéniques, hépatoprecteurs, prévention des cancers anti-oxydants

Silymarine, sécoisolari-cirésinol

Chardon-Marie, lin

LES STILBÈNES

Resvératrol

Protecteur cardiovasculaire, anti-radicaux libres

Vigne rouge

LES CURCUMINOÏDES

Antioxydants, anti-inflammatoires, protecteurs cardiovasculaire

Curcuma

LES GINGÉROLS

Antioxydants, anti-inflammatoires, anti-nauséeux

Gingembre

La grande famille des terpénoïdes est le plus vaste groupe de métabolites secondaires élaborés par les végétaux. C'est dans ce groupe et dans celui des composés aromatiques que l'on trouve les huiles essentielles. Parmi les composés terpéniques et stéroïdiques, on trouve:

LES LACTONES SESQUITERPÉNIQUES

Principes amers, stimulants de la digestion (foie), anti-infectieux, antibactériens, anti-inflammatoires, antifongiques

Parthénolide, alantolactone, artémisine, matricine

Surtout chez les Astéracées: Camomilles, Aunée, Arnica, Armoise annuelle, Achillée millefeuille

LES SAPONOSIDES

Propriétés tensio-actives : moussants au contact de l'eau, anti-œdémateux, veinotoniques, antitussifs, antifongiques, antiviraux, diurétiques, cicatrisants

Glycyrrhizine, aescine, eleuthérosides, calendulosides

Saponaire, Réglisse, Marronnier d'Inde, Ginseng, Lierre grimpant, Souci des jardins

LES DITERPÈNES

Antioxydants, anti-inflammatoires, analgésiques, antimicrobiens, anti-agrégants plaquettaire

Marrubiine, rosmanol, ginkgolide, scIaréol

Marrube blanc, Hysope, Lierre terrestre Romarin, Sauge sclarée, Ginkgo, Gattilier

LES IRIDOÏDES

Aucuboside, harpagoside, valépotriate, centiopicroside

Antalgique, anti-inflammatoire, cholérétique (sécrétion de bile)

Harpagophytum, Olivier, Gentiane jaune, Valériane, Bouillon blanc, Plantain, Verveine officinale

LES CAROTÉNOÏDES

Pigments jaunes, rouges et verts, Lycopène, Lutéine, Bêta-carotène

Puissants antioxydants
Se transforment en provitamine A dans l'intestin

Fruits et légumes, Safran, Millepertuis, Argousier, Églantier, Pavot de Californie, Fucus

Les composés azotés sont principalement représentés par les alcaloïdes:

LES ALCALOÏDES

Cocaïne, nicotine, ephédrine, codéïne, eschscholtzine, morphine, quinine, caféine

Activité importante au niveau du système nerveux
Modifient la conscience
Analgésiques & stimulants

Cocaïer, Tabac, Ephédra, Pavot à opium, Quinine, Caféier, Maté, Guarana, Cacaoyer, Pavot de Californie

Attention, certaines plantes à alcaloïdes sont particulièrement toxiques!

POUR ALLER PLUS LOIN

Le livre des bonnes herbes, Pierre Lieutaghi, Actes Sud

Dictionnaire des plantes médicinales et vénéneuses de France, Paul-Victor Fournier, Omnibus

Le guide familial des plantes médicinales, D. Lousse, N. Macé, C. Saint-Béat, A. Tardif, Mango

Se soigner par les plantes, Dr. Jacques Labescat, Ulmer

Guide des eaux florales et hydrolats, Patricia Dalmas, Médicis

Dictionnaire visuel de botanique, Maurice Reille, Ulmer

Le site internet de Christophe Bernard, herboriste et enseignant à l'École lyonnaise des Plantes Médicinales : www.altheaprovence.com

L'École bretonne d'Herboristerie, Rue Jules-Ferry, 29410 Plounéour-Ménez

MERCI

au crew du cloître St Thégonnec, Emilie, Amélie et Pauline
sans qui les cours de botanique auraient été vachement moins fun,
à Cyril pour sa patience quand mes pensées étaient accaparées
par le Pavot de Californie et la Reine-des-prés,
à Lila, Guillaume et toute l'équipe d'Ulmer de m'avoir donné
la chance de faire naître ce premier livre,
à ma grand-mère, pour l'odeur du cassis et la fraîcheur de son jardin.

Responsable éditoriale : Lila Hervé-Gruyer
Maquette et réalisation : Anna Borowski

Impression : Printer Trento, SRL
ISBN : 978-2-37922-313-6
N° d'édition : 313-03

Dépôt légal : septembre 2023
Imprimé en Italie

©2023 Les Editions Ulmer

33, rue du Faubourg Montmartre - 75009 Paris
Tél : 01 48 05 03 03
www.editions-ulmer.fr
Retrouvez-nous sur Facebook et Instagram

FSC www.fsc.org
MIXTE
Papier | Pour une gestion forestière responsable
FSC® C015829

D'AMOUR & D'EAU FRAÎCHE

Et si l'on s'emparait de connaissances simples pour préparer un monde meilleur ? Et si l'on vivait autrement ? Inspirés de l'univers du fanzine, les livres de cette collection sont entièrement illustrés par leurs auteur·ices et ont de la personnalité.